我是不是我的我

李登輝——著

為主作見證

李登輝的信仰告白

國家圖書館出版品預行編目資料

爲主作見證：李登輝的信仰告白 / 李登輝著. -- 初版. -- 臺北市：遠流, 2013.06
面； 公分

ISBN 978-957-32-7209-0（平裝）

1.基督徒 2.政治 3.文集

244.907 102008587

為主作見證：李登輝的信仰告白

作者 李登輝
總編輯 汪若蘭
編輯 陳希林
行銷企畫 高芸珮
封面設計 陳文德
內文版型 陳健美

發行人 王榮文
出版發行 遠流出版事業股份有限公司
地址 臺北市南昌路2段81號6樓
客服電話 02-2392-6899
傳真 02-2392-6658
郵撥 0189456-1
著作權顧問 蕭雄淋律師
法律顧問 董安丹律師

2013年06月01日 初版一刷
行政院新聞局局版台業字號第1295號
定價 精裝新台幣320元（如有缺頁或破損，請寄回更換）

ISBN 978-957-32-7209-0
YLib 遠流博識網 http://www.ylib.com E-mail: ylib@ylib.com

為主作見證

李登輝的信仰告白

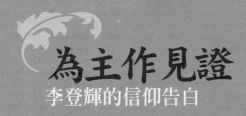

目錄

序言

個人信仰的開始，並非事業工作不順利或家庭變故，才欲求神保護，亦非是想藉此來解決問題，完全是個人思想追求的結果所形成的。

我家在三芝鄉下，是一個小地主，祖父、父親都是地方政治、經濟組織的幹部。在地方上算是一個小富裕家庭。因此，家庭的經濟生活寬裕，家父教育方式也不會特別管我做什麼事，都尊重我個人的意見，也由於這緣故，讓我感覺一切都很自由。相反的，我變成所有的事情，都必須自己做決定及選擇。在孩童時期，這樣的環境與自由的生活，塑造自己成喜歡深入觀察事物的習慣，以及喜歡讀書的內向性格。

和一般家庭一樣，我的家庭是道教和佛教的信仰者，並非基督教家庭，因此，我個人信主的開始，是在一個特別的機會下，接受了基督的信仰。為此，就以過去建立信仰的過程，來做為本書的序言。

在此，我要深深的感謝上帝，我是多麼的幸運，被上帝揀選為基督徒，並以上帝作為我與我家的主。上帝引領我的家庭、幫助我的國家安寧及成長發展，這是上帝無限的恩典。我也要感謝我的內人曾文惠女士，在這本書的所提及的各個事件內容，幾乎都是摘自她日記中的當時記錄，因此，才得以清晰地回顧當時的情境與心情。特別是當我們共同面臨各個事件考驗的同時，有她的陪伴與同心的祈禱，帶給我無比的力量。繼任總統以後所面臨的種種挑戰，縱使有諸多的不捨，她亦是默默在登輝背後支持我、鼓勵我，甚至在與神禱告的同時，她更扮演了最佳的教會祈禱同工，讓我們的祈禱獲得神的指引。感謝她這麼長時間以來，無怨無悔的深情相伴。同時，我也要對長老教會所有牧長、長老及主內的兄弟姐妹感謝，感謝他們長久以來對我的照顧、提示。

我更要感謝現任台灣基督長老教會台北中山教會的葉啟祥牧師，由於葉牧師在數年前擔任「台灣教會公報」總編輯時，曾經專訪過登輝，並就信仰生活暢談許久，也獲益良多。經由他生動的筆調，與在教會信仰深刻的體會下，將與登輝對話的內容，相當完整的分享了作為一個基督徒應有的信仰體悟，登輝也一直很感念牧師的用心。尤其是在整理本書內容的過程中，葉牧師更在教務百忙之中，撥空為書中內容校訂，特別是在章節編排順序上，所提點的想法與意見。感謝他，也感謝神差遣牧師前來襄助登輝。另外，我還要感謝三位好朋友：外交部領事事務局秘書室主任陳忠正先生、駐波士頓台北經濟文化辦事處副處長陳銘俊博士，他們二位也在我撰寫本書的過程中，給予我協助；以及香港「陽光時務週刊」記者康依倫小姐，提供她的專文，豐富本書的內容。

最後，要謝謝「李登輝基金會」的工作同仁們，在登輝撰寫本書的過程中，他們表現出的工作效率及速度，是值得加以肯定的。記得有一次當我在雲林參訪，正逢颱風來襲的夜裏，靜心把本書內容文稿再作修改，連夜修訂的手稿，並於隔日上午十時左右交予同仁，結果在不到二個小時的時間內，另一份完成文字校打的文稿，就以嶄新的面貌出現在我眼前，讓我在返回台北的高鐵路程中，有充份的時間再次翻閱。雲林參訪現場與台北辦公室的同步連線上，同仁們運用最新網路科技的通訊、傳輸技術，來完成登輝隨時交付的任務，這也是我在撰寫本書過程中，真正感受到科技進步對人類生活產生重大影響的具體實例；同時，也讓我驚訝到時下年青世代運用網路科技新知，破除時空的限制來推動工作的作法。在此，當然也要來肯定這群講求效率、速度的同仁，他們以主動積極、創新務實的態度來協助本書的編整，登輝也要藉此一併表示我的謝意。

信仰的開端——不是我的我

在我人生當中，有兩件事情，在十五、六歲的時候，就開始在我的心內。第一件就是「自我」的問題，另一件是「死亡」問題。

早熟的我，很早即有自我意識，迫切的求知慾望，這讓我廣泛閱讀了許多東、西方的各類書籍。知識的增加，更加深了自我意識的覺醒，使我越來越固執自我，也經常因為倔強而令母親傷心。在徹底的自我覺醒之後，內心產生很大的矛盾，內心接著產生「人哪會啊捺（這樣）？」、「人是什麼？」，或者是「人生應當如何？」的疑問。因此，在當時常常透過「坐禪」和「苦行」的方法，想要「克制自我」，希望能夠進入無我境界，這些都是徹底主觀的唯心論。為人處世若能先消除自我，一切煩惱也自然消除。為了消除自我，中學時代，每天清早起來，就積極參與打掃工作，自願去打掃廁所，這類一般人不願意做的事情，只要是能夠訓練克服自我的功夫，我都願意設法嘗試。

在差不多同一個時期，我祖母過世，開始針對「死亡」這個課題有深入煩惱，而且想要徹底的領會：死亡到底是什麼？人死了以後，又會如何？在台北高校時，哲學思考方面就非常認真思考這些事情。透過很多的哲學書籍研究後，終於徹底覺悟「死亡是什麼？」的意義。我了解死亡本身最重要的意義，在於「我們如何活下去！」的問題。換句話說，死亡是指生命的死，這是自然的過程，是在生命的限度中完成自我實現，這是在活著的世界中追求自我定位的問題。

對我來說，人生並沒有來世，人生只有一次，所以有些宗教所謂的輪迴，我想只是另一種自我滿足的想法而已。

事實上，應該加以肯定的是「有意義的生」。譬如說，德國大文學家哥德，不只在《浮世德》大作中，包括《西東詩集》也提到更簡潔、更直接了當的「死而成就」的觀念。也就是有自我的死，才能產生真正有肯定意義的生。

因為「生」和「死」經常具有表裡一體的關係。一切的原點都是哲學，也就是從「人是什麼？」這點出發。從「人是什麼？」或「我是誰？」這個哲學式的問題出發，進行自我啟發而完成人格與思想塑造。

要了解自我的「死」，才能產生真正具有肯定意義的「生」。但是自我

「死」以後的我，是變成怎樣的我呢？這是超自然的問題，提昇自我到存在層次的問題，我在後面會進一步說明。答案是只有要求內心的絕對存在，就是和上帝同在，沒有其他的方法。

我的心路歷程還有一段特別的路程。二次大戰終止，看到日本受美軍空襲後，全國成為火燒島，徹底受破壞，環境惡劣，物質更是極端缺乏。如此的重大變化，使我感慨很深。在那個時期以前，我只對「自我、生死」的觀念上思考，並不關心「肉體與物資」的問題。但現實當中，人的心存在於肉體中，沒有肉體就沒有精神存在。

受破壞的日本和台灣，重建的工作非常需要物資，需要整理受破壞的環境。我便思考，在那樣社會百般蕭條的情況下，人要生存，糧食問題、環境問題都比靈魂更重要。因此，我開始有唯物論的思考，同時進一步要求社會公平，產生對社會主義的追求，前後經歷近十年功夫。

在這期間，社會經濟的復興、建設的進步，使我開始發現內心的空虛。感覺物質是物資，無法滿足內心的空虛，就又開始追求深一層內心的安定與滿足。回顧這一段歷程，經過自我的克服，生、死問題的檢討後，因戰後轉變為客觀的唯物論，但是仍然無法充實我的內心世界。

就事實而言，人是只由魂（心）與肉體構成的，但內心軟弱，需要更高的存在境界。總結這段追求來說，我們需要主宰一切的神（上帝），才能得到心靈上的安慰。達到主、客觀的矛盾統一。當對空虛生活厭煩的時候，我就開始尋找神的存在。我所找的神，絕對不是台灣傳統社會所流行的各種神明。

前面所說我是反對輪迴的想法，基督教是一種同時發現現代人與歷史上之人的宗教，也是「人與神立約」的宗教，即個人自由與時間持續進行（取代循環時間）的宗教。故我所找的神，就是三位一體的上帝。

我以為經由上述生死觀、唯物論的矛盾統一，我應該會被引領進入基督教才對。但要馬上產生信仰並不容易，要進入信仰的第一步，一定要擺脫平常賴以自律的框架。而對凡事追根究底的知識份子來說，產生信仰更是難上加難，必須花時間加以克服。當時，我花了五年的時間，每週五天到台北市各教會聚會處，尋求神是否存在。因為看不到所以不相信，因為想看到才要相信，慢慢的知道這樣的做法，並不是信仰。

由約翰福音第二十章第二十九節「耶穌對他說，你因看見了我纔信。那沒有看見就信的，有福了！」耶穌所啟示的一句話，那沒有看見就信的有福了！開始了解信仰是人相信神的問題，也是實踐的問題、做的問題。所以，信仰就是要相信看不到的神，最後發現神的存在，獲得了堅強的信仰，聖靈的充滿，並且有上帝的賜福。

彌迦書第六章第八節「世人哪，耶和華已指示你何為善，他向你所要的是甚麼呢？只要你行公義、好憐憫、存謙卑的心，與你的　神同行」說到上帝賜給我們福氣是無條件的。

由以上簡單的分享，我要對一開始所提起的追求「我是誰？」、「人是什麼？」做一個結論。在要做結論以前，咱先來看保羅在加拉太書第二章第二十節的說明，他說：「所以，現在活著的，不再是我自己，而是基督在我生命裡活著；我是藉著信上帝的兒子而活；他愛我，為我捨命」，這一段話，使我想起馬丁路德在接受德國皇帝卡爾五世審判他的時候所說：「我站在這裡，這是我的立場（Hier Stehe ich, ich Kann nichts anders. Gott helfe mir, Amen.）我沒有其他立場，但願上帝幫助我。」這一段故事讓我深刻了解，我是基督內住的我。

根據上述的具體信仰心路歷程，我要做一理論化、概念化的解答。所以，「我是誰？」答案很簡單，我是「不是我的我」，我絕對不是自我，我也不是我。我是「基督在我裡面活著」的我。

再講一次，「我是誰？」答案是：我是「不是我的我」，「不是李登輝的李登輝」，而是「基督在我裡面的我」。為了要得到這個答案，實際上我花了三十五年以上的時間，這個答案，幫助我了解正確的人生觀；同時也幫助我能夠在面對各種問題的時候，徹底排除「自我」思想，站在超然的地位，以先驅者的立場，思考解決問題的正確方法。

死蔭幽谷經歷神

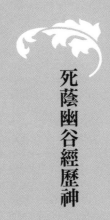

領導者常會受到打擊，也有很多心裡辛酸的事，所以堅強的信仰是必要的，如上述我的經驗，在政治改革困難時，信仰（依靠上帝）是唯一的幫助，要貫徹信仰，「行公義、好憐憫、存謙卑的心與你的　神同行。」就像是要下定決心時，就必須看清如何超越自我，不斷正視超越自我存在的事物。這種意識自我充份發揮時，是非常重要的。

當緊急事情發生時，我依靠的就是上帝，所以我對上帝有特別的體會。聖經裡上帝的話，對我很有幫助，以致於緊急事情發生時，每次在我與內人祈禱後，隨意打開聖經，用鉛筆在打開的聖經上任意點出章節，再看點到的章節內容，以便了解神的意思，並且照神的意思去做。每次所點出的聖經章節，都一一記錄下來。我想，它就是「主」當時對我的支持力量。以下所列的聖經章節，就是遇到每一個重大困難時，上帝所賜的話語，十二年的總統任內，因有上帝引導，給我啟示，可以安定渡過難關。

聖經帶領的啟示

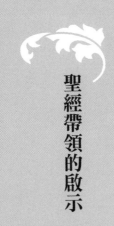

蔣經國總統逝世繼任總統

一九八八年一月十三日

事件背景、經過

一九八八年一月十三日下午，當時擔任副總統的我，正在總統府接見外賓，秘書蘇志誠報告，蔣經國總統的秘書王家驊來電通知，請我到七海官邸開會。抵達七海官邸後，才得知經國先生已經過世，未來得及見他最後一面。當晚立即與行政院長俞國華、參謀總長郝柏村、總統府秘書長沈昌煥、經國先生公子蔣孝勇等人討論遺囑內容。晚上八點零八分，在總統府大禮堂宣誓繼任總統，九點零八分離開總統府返家。隔天，約見參謀總長郝柏村，聽取軍事報告；隨後，國防部長鄭為元及參謀總長郝柏村，也共同致上電文，表示三軍將士定將銜哀報效，服從命令，有效穩定民心。行政院長俞國華呈請辭職以示對新總統的尊重，然考量政局穩定，在十五日上午予以慰留。十八日，美國在台協會台北辦事處長丁大衛奉命轉達，雷根政府堅定支持台灣安全與安定的保證。繼任總統後，分批約見五院院長、省市府會首長、各軍種司令，就各項國是進行簡報。人事上，除調整侍衛長與英文秘書兩個職務外，自總統府秘書長沈昌煥以下，全部留用，以穩定政局。自經國先生逝世當日起，我每天一早，即前往榮民總醫院懷遠堂的經國先生靈堂行禮，再前往總統府上班，前後共十三天，以表示深切的尊重。

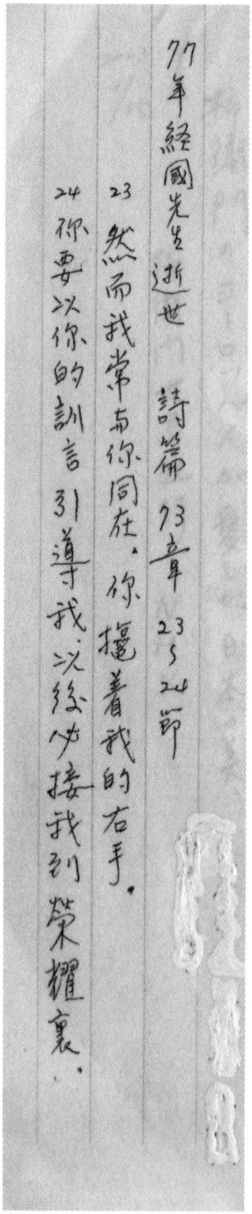
77年經國先生逝世　詩篇73章23～24節
23 然而我常與你同在，你攙着我的右手。
24 你要以你的訓言引導我，以後必接我到榮耀裏。

曾文惠用手寫下了蔣經國總統逝世當天她與李登輝閱讀的經文，出自聖經詩篇七十三篇。

臨到的經文

然而我常與你同在，你攙著我的右手。你要以你的訓言引導我，以後必接我到榮耀裏。

詩篇第七十三篇第二十三至二十四節

獲得的啟示

蔣經國總統過世時，我不在場，沒有聽到他的遺言，但他在世時，曾經有說過重要的兩句話，就是：（一）我也是台灣人；（二）以後蔣家不會有人繼任總統。這表示台灣的政治要本土化、民主化，脫離中國五千年的封建的皇帝統治思想。

我當了三年八個月的副總統，在蔣經國總統過世後繼任總統，穩定政局繼承蔣經國總統的遺志成為我重要的考量。台灣究竟會變成怎樣？當時根本完全看不出來。大家抱持著各種的期待，有太多不確定的因素。就算我當上總統，可能也無法推動民主化。因為表面上我只是一個人而已，既沒有班底，沒有情報的關係，也沒有軍隊的支持，可以說什麼都沒有。但是我有上帝保佑我。祈禱後，所得到上帝的指示話句是，只要有強烈的信仰，上帝一定引導我，克服一切的困難，達成台灣的民主化。

信仰的故事

睡不著的一晚

一九七〇年，埃及總統納瑟被刺身亡，副總統沙達特突然當上總統，接掌國家大政。有天深夜，他正為了未來的國事煩惱不已，不斷在房裡踱步。他太太於是勸告他安心入睡，並說，他應該走出前任總統的陰影，走出一條屬於自己的路。

果然，沙達特受到太太的提醒，開始改變自己的想法，逐漸把埃及帶向一個新的方向，不但在經濟上開始開放，國際關係的政策也有了轉變，甚至展開與以色列的和談，為了區域安全而努力。

蔣經國總統辭世那天，我從下午接獲消息趕赴官邸開始，一直到晚上很晚才回到家裡。國家發生了這麼大的事情，我太太當然也已經知道了。

我太太一直在家裡等到我回家。我告訴她，往後的責任非常重大。而當時實在不知道該怎麼做總統，身為基督徒，能做的只有禱告。大部份時候，禱告這樣的事情是太太在家裡主動推動，於是我們一起禱告，求上帝帶領我，讓我知道未來該怎麼辦。

我們一起讀聖經、禱告的習慣，就是這樣來的。

那天晚上我睡不著，睡不著就禱告。一面讀聖經、禱告之後，我也一面思考未來該怎麼辦。我想起蔣經國總統生前說過兩句話：我是台灣人、蔣家不會有人接任總統。這兩句話很重要，為我提供了一個方向：我現在當了總統，但我什麼都沒有，沒有班底，軍隊也不是我的，我沒錢也沒什麼資源，要如何做事情呢？而有件事情我一定要做，那就是推動台灣的民主化、本土化。

中國的五千年歷史當中，皇帝是中心，死後由兒子即位，制度是封建的。可以說，中國是以「私」為中心的觀念。但是「蔣家人不會接任總統」這句話，徹底打破了「私」的觀念，有「公」的觀念出現。我覺得這一點很重要。

其次，「我是台灣人」這個說法，就是在政治上要民主化、本土化。這很清楚。先別說要獨立了，只要能夠實施民主，推動本土化，這就是獨立了。

下一個問題就是：「該怎麼做呢？」蔣經國留下兩年四個月的任期，我要如何延續？如何做得好、做得安定？當時完全看不出來前途會變得怎麼樣，各方抱持的看法也不一樣，有太多不確定的因素存在。

表面上只有我一個人，但是，我有上帝保佑。在我的禱告中，詩篇的經文

國民黨內因正、副總統提名起政爭

一九九〇年二月十日

事件背景、經過

一九九〇年的總統選舉，仍然要經由國民大會投票產生，依當時的政治生態，總統已經由本省籍人士出任，在副總統的人選上，一直存在著「應由外省籍人士來擔任」的強烈聲音，如此，才能符合省籍平衡的政治現實需求。為此，我選擇時任總統府秘書長的李元簇擔任我的副總統搭擋，並決定在二月十一日國民黨臨中全會提出人選。但在國民黨準備召開臨中全會的籌備期間，國安局長宋心濂向我報告，黨內有人打算以「黨內民主」為號召，推翻已成慣例的「起立表決」方式改為「秘密投票」，然後，伺機推出第二組搭檔人選對抗。臨中全會前一天，得知有人計劃推翻李元簇的提名案。由於事前得知這項消息，我也因此得以進行固票，確保通過提案的準備。十一日臨中全會開議後，部份大老上台發言主張，應以票選方式推選正副總統提名人，在會上激起了強烈的爭議，但最後在經過大會兩次表決，在一百八十位中央委員中，以九十九票贊成、七十票反對、十一票棄權的投票結果，通過維持以「採起立舉手方式進行選舉」，我與李元簇先生得以順利成為國民黨第八屆正副總統候選人。

臨到的經文

因為我自己的緣故，又為我僕人大衛的緣故，必保護拯救這城。

以賽亞書第三十七章第三十五節

獲得的啟示

政局複雜，問題重重，使我徹夜難眠。

我要向國民黨臨中全會提出李元簇擔任副總統人選的前一天晚上，知悉有人想推翻李元簇提名案。這時距離開會不到一天，事情非常緊急。

那天晚上，我再三考慮之後，決定藉著媒體的力量來處理，於是打電話給幾位熟識的新聞界人士，直接表示「提名案可能會有變化」。以此先行使對方的計謀破局。

晚上雖然睡得不好，可是在夜裡，主的話臨到我，「因為我自己的緣故，又為我僕人大衛的緣故，必保護拯救這城。」因為祂必保護我，並且拯救這個國家，要我這城不能失去，無論如何和它拚，拚到底！就去面對他們。這才使我安心入睡。

預防針果然見效，隔天見報後，所有記者一早就到會場包圍幾位當事人，質問他們計謀如何等等，鬆動了他們的計畫。最後，「票選案」以七〇比九九未獲通過。而當天的會議，也被亞洲華爾街日報形容是「流產政變」。

信仰的故事

安然入睡

有一個故事說，從前有個人，背上揹著很沈重的負擔，來到上帝的面前禱告：「上帝啊，這個負擔很重，求你幫助我。」他禱告了很久，沒聽到上帝的回應，於是失望地走了。第二次，他背著同一個重擔再次向上帝禱告，還是沒得到回答，又揹著重擔走了。上帝身旁的天使於是問上帝，為什麼不幫助他呢？上帝很傷心的說：「他每次來這裡，我都問他：『你是否願意在這裡放下這個重擔？』只不過他每次禱告之後，又再次揹著重擔走了。」

我當總統的時候，時而也會感到背負重擔，並因亟思解決問題的對策，以致

國民黨內再醞釀「林（洋港）、蔣（緯國）配」對抗

一九九〇年三月二日

事件背景、經過

一九九〇年二月十一日的國民黨臨時中全會，雖然推舉出我和李元簇「雙李配」成為國民黨正副總統候選人，但黨內部份人士一直未打消推舉林洋港先生出馬競選的意圖。在臨中全會「林陳配」破局後，又計劃推林洋港及蔣緯國二人，形成「林蔣配」來對抗「雙李配」。此時，國民黨內的所謂「主流、非主流」鬥爭，也益發白熱化。在這段期間，經過積極的拜票與精密的估票，在六百多位國大代表中，我已獲得四百多位的支持連署，同時，也掌握到「林蔣配」的票數可能未達提案門檻，根本沒有挑戰的實力。三月二日，蔣彥士提出「委請黨內大老

出面進行整合」的建議，隔日我在官邸接見黃少谷、袁守謙、陳立夫、辜振甫、李國鼎、倪文亞、謝東閔及蔣彥士等八人，不過「八大老」的出面，並無立竿見影的成效。

臨到的經文

又必在撒瑪利亞的山上，栽種葡萄園，栽種的人要享用所結的果子。

耶利米書第三十一章第五節

獲得的啟示

這一節的經文，應該從同章的第二節開始看，才能瞭解它的意義。

舊約聖經〈耶立米書〉第三十一章第二節起說到，「脫離刀劍的就是以色列人。我使他想安息的時候，他曾在曠野蒙恩。古時（或譯：從遠方）耶和華向以色列（原文是我）顯現說：我以永遠的愛愛你，因此我以慈愛吸引你。以色列的民（原文是處女）哪，我要再建立你，你就被建立；你必再以擊鼓為美，與歡樂的人一同跳舞而出；又必在撒瑪利亞的山上栽種葡萄園，栽種的人要享用所結的果子。」

上帝在這段經文裡，用古時拯救以色列脫離埃及軍隊的追襲、在曠野漂流時蒙神保養照顧等等往事，來提醒以色列，叫她謹記神立約的愛。因為有這不變的愛，神將來還要復興以色列，把以色列人領回他們的原居地（當時他們被擄到巴比倫），如同第二次的出埃及。

這段經文裡，上帝承諾要使以色列得享安息，要施慈愛給以色列，使他們有歡樂，又要使栽種葡萄園的人（就是以色列人），可以享用所結的果子。

具體的說，當時上帝指示我不要怕，因為在這裡種葡萄的人必須是台灣人，種的人才可以收成。也就是指，本土意識要有成長。

栽種葡萄園

葡萄是以色列、中東地區常見的農作物，在當地的農業經濟裡面，扮演非常重要的角色。

聖經裡面也經常提到「葡萄」。例如在舊約聖經裡面，有個壞國王亞哈以不法手段搶奪別人的葡萄園，最後為自己家庭帶來了禍害（列王紀上）。耶穌也曾經用葡萄園雇工領工資的故事，來說明上帝的恩典（馬太福音第二十章）。

栽培葡萄時，需要深耕土壤，並且經常施肥，適當澆水，栽培者還要辛勤努力，防止病蟲害，這樣葡萄才能發芽興旺。

「林蔣配」的當晚，上帝用聖經裡「以色列就是葡萄園」給了我啟示，台灣也是葡萄園。在這裡栽培的人，必須要像以前中東地區的農人一樣辛勤看顧作物，有時需要挖蓄水池，也不時需要日夜在葡萄園裡趕走飛鳥、蝙蝠等，免得葡萄遭到偷竊、毀壞。

上帝的意思既然是這樣，我一定要盡全力，去拚吧！因為如果我沒有這樣做，台灣的民主化、本土化就不可能了。只是我也要記得，該如何冷靜處理，這是面對問題很重要的事。

「林蔣配」儼然成形

一九九〇年三月八日

事件背景、經過

三月五日國民黨「八大老」在台北賓館與李煥、郝柏村、林洋港與蔣緯國等人見面，雙方協議：要求我應該在二日後（三月七日）的中常會上，發表平息政爭的談話後，再由林蔣二人對外宣布退選。但是事後李煥並未依先前協議內容，甚至，有人進一步要求我要辭去國民黨黨主席的職務。我並不為所動。三月八日，前省議會議長蔡鴻文主動奔走遊說，以社會輿論「不能認同林洋港與外省人合作打擊李登輝」的說法，積極勸退林洋港並得到初步成果。

臨到的經文

你們眾民當時時倚靠祂，在祂面前傾心吐意。神是我們的避難所。

詩篇第六十二篇第八節

「神啊，祢曾試驗我們，熬煉我們如熬煉銀子一樣。祢使我們進入網羅，把重擔放在我們的身上。祢使人坐車軋我們的頭。我們經過水火（磨練我們）。祢卻使我們到豐富之地。」

詩篇第六十六篇第十至十二節

獲得的啟示

當時，國民黨內不同流派人士擬推出「林蔣配」為第二組正副總統候選人，引起了政壇及輿論沸騰，政局為此也陷入極不穩定的局面。當時的行政院長李煥一再表示，司法院長林洋港候選而不競選，並不算違紀。卻也引起當時輿論的關切，中國時報就用社論的方式，呼籲國民黨八大老要努力挽救黨國危機，同時，也促使台灣省議會前議長蔡鴻文出面，夜訪林洋港加以遊說，並得到初步的成果。

為這個問題，我尋求上帝的旨意，有兩處的經文出現，內容雖有不同，但意思是相同的。聖經勸勉我，單單依賴神，不要依仗別人或財富。上帝仍為大家施行大能奇事，雖然上帝會試驗我們，讓我們經過水火或遭敵人摧殘和苦害，卻沒有叫我們家破國亡，且在最緊急的關頭搭救我，脫離苦難。

國民黨八大老勸退「林蔣配」

一九九〇年三月九日

事件背景、經過

由於省議會前議長蔡鴻文的遊說，以及各方情勢皆不利「林蔣配」的情況下，三月九日林洋港在台北賓館宣布辭謝國代的推舉。事後，我則親赴司法院長辦公室拜會林洋港，對其為國家所做重要決定當面致意。另外，在九日當天，時任駐日代表的蔣孝武也返台，並召開記者會公開發表聲明，痛斥蔣緯國「假民主秩序之名，圖奪權之謀；藉法規漏洞從事政治投機」，使得蔣緯國也在隔日宣布與林洋港共進退，不再候選。當年國民黨的所謂「二月政爭」也因此落幕。

臨到的經文

經上寫著，「主說：我憑著我的永生起誓，萬膝必向我跪拜，萬口必向我承認。」這樣看來，我們各人必要將自己的事，在神面前說明。所以，我們不可再彼此論斷，寧可定意誰也不給弟兄放下絆腳跌人之物。

羅馬書第十四章第十一至十三節

獲得的啟示

上帝的這一句話，說我們不要互相說是非，不要互相攻擊，決心不要與這些人計較，上帝會照顧你。有上帝的照顧，這些亂象自然會消除。

舌頭的作用

從前有個喜歡新奇的富商，有天叫僕人出去買一道最好吃的菜回來。僕人買回了牛舌。富商問，為什麼買舌頭呢？僕人解釋，舌頭可以說出美麗的故事，講出智慧的話，也可以用舌頭來鼓勵人，因此是最美好的東西。富商第二天又要僕人去買一道「最不好吃」的菜回來，結果還是牛舌。僕人解釋，舌頭堪稱天下最壞的東西，它會撒謊、說出惡毒批評毀謗的話，還會製造爭端與挑釁。

我獲得康乃爾大學博士學位之後，回到台灣進入「中國農村復興聯合委員會」（農復會）擔任技正。那時候的農村問題是台灣經濟最重要的事務，因此農復會裡面都是最傑出的人。我在農復會的表現非常傑出，幾乎可說每年晉升兩級，因此有些同事用盡了方法為我製造壓力。後來從政之後，被各界以及媒體批評，甚至攻訐，更是常有的事。

但對於這些事情，我都沒有放在心裡。例如對農復會抨擊我的同事，我全都照普通處理，而且該有的禮數也都顧到。這就是我的作法。甚至到了後來林洋港先生不參選之後，我還特別去司法院拜訪他，向他道謝。

曾有人問我，遭逢抨擊會不會委屈。我反問他：我是總統，我有什麼好怨嘆的？要怨嘆誰呢？雖然許多人對事情不瞭解，就對我提出批評，但我從來不以負面的方式來處理，而是正面加以面對和解決。

再想想：耶穌被釘在十字架上的時候，祂有沒有怨嘆呢？沒有，一聲也沒有。祂為了人的罪而死，而且祂的左邊、右邊分別被釘了兩個強盜，耶穌並沒有因此抱怨。

耶穌的這種態度，就是為人處事應該學習的態度。我相信上帝，上帝和我在一起。所以我才說，現在活著的，已經不是原來的李登輝了，而是主耶穌在我裡面活著，我是「不是我的我」。

擁「林蔣配」勢力意圖反撲

一九九〇年三月十二日

事件背景、經過

在「林蔣配」宣布退選後，黨內所謂「非主流派」人士仍然不放棄希望，部份國代聲稱將主動聯署，愛國教育協會等人士也出動宣傳車為林、蔣造勢，擁護車隊甚至直駛至新店中央新村懸掛宣傳布條，並穿梭造勢。時任國大代表的滕傑，更在十一日發表「敬告國大同仁」公開信，強調「林、蔣的退選並非出於自願，而是受到黨內大老的壓力」。因此，表明絕不放棄支持林、蔣兩人的立場，期許國代繼續連署支持「林蔣配」。

到了十二日，資深國代于歸仍揚言要繼續發動聯署活動，但大致而言，所謂

「非主流陣營」已經勢力消退，鼓譟的只剩極小部份人士。

臨到的經文

我願意你們曉得我為你們和老底嘉人，並一切沒有與我親自見面的人，是何等的盡心竭力。要叫他們的心得安慰，因愛心互相聯絡，以致豐豐足足在悟性中有充足的信心，使他們真知神的奧秘，就是基督。所積蓄的一切智慧知識，都在祂裡面藏著。我說這話，免得有人用花言巧語迷惑你們。我身子雖與你們相離，心卻與你們同在，見你們循規蹈矩，信基督的心堅固，我就歡喜了。

歌羅西書第二章第一至五節

獲得的啟示

我被邀請在國民大會基督教團契證道時，部份資深國代信徒揚言發動攻擊我。情急禱告上帝，得到歌羅西書第二章第一至五節的信息。對我來說，這表示國代如老底嘉地區鄰近的教會可能受到異端的攪擾。所以，要我有愛心以致得著完全的、悟性上的一切豐富。在基督裏面蘊藏著一切智慧和知識的寶藏，給信徒去發掘。

國大擬擴權引發憲政危機

一九九〇年三月十三日

事件背景、經過

自一九四九年遷台以來，在動員戡亂臨時條款下，國民大會從未曾改選過。一九九〇年三月十三日，老國代們在陽明山中山樓自行通過「臨時條款修正案」，通過每年自行集會一次，維持行使創制複決兩權，提高集會費，並將一九八六年所選出的增額國代，延長任期為九年，創下國會議員自行通過延長任期的惡例。這種大幅擴張職權之舉引發憲政危機，各界質疑聲浪不斷，立委更強烈反彈，揚言抵制國大；民間之罷免、罷課、抗稅聲浪四起，輿論亦強烈抨擊。

臨到的經文

因為神的旨意原是要你們行善，可以堵住那糊塗無知人的口。你們雖是自由的，卻不可藉著自由遮蓋惡毒，總要作神的僕人。務要尊敬眾人，親愛教會中的弟兄，敬畏神，尊敬君王。

彼得前書第二章第十五至十七節

獲得的啟示

因此次國代擴權的行為，引起各界質疑，立委反彈等政界的不安定。禱告得到的信息，是大家要尊重制度，順服官長作好公民。

從制度上來看，國代不應該擴權，必須要尊重制度。上帝藉著這一節經文給我啟示。

當基督徒面對社會的不公不義時

我在農復會任職的時候，發生了一件事情，到今天印象還很深刻。

有一天，當時的經濟部長孫運璿先生來到農復會，希望針對《實施耕者有其田條例》當中只有自耕農才能購買農地的規定加以修改，讓法人也能購買農地。

這個事件的背景是有個大企業想要在雲林、嘉義地區購買四千公頃的農地，做為工業開發之用。其實當時台灣農民的收入不好，在「肥料換穀」制度的剝削之下所得不足，一公頃農地的價格只有四萬元（而且還可能被掮客抽走兩萬元）。簡單的計算就可以知道，只要花費一千六百萬元，就可以取得這麼一大片四千公頃的土地。

這樣對農民有什麼好處呢？當時農民平均每戶人口是五點五人，財團如果可以用如此低價購買農地，不出幾年農地被買光了，那個年代的工業發展程度又還不足以吸納這些農業人口，勢必會造成失業等嚴重的社會的問題。

我對這個修法的方向感到很生氣，相當反對這種想法，於是聯繫了國內相關領域的大學教授，我們還有六位年紀比較輕的學者甚至自稱「六壯士」，要反對到底。孫運璿來拜託我，但我告訴他，對不起，絕對反對到底，因為耕者有其田這個政策的意旨是保護農民，該條例修改的話對農民不利。

當時的農復會主委沈宗翰非常支持我們這些「少年人」。蔣經國瞭解了整體情況之後，也支持我們的看法。

基督徒在面臨不公不義的政治、社會制度時，就應該勇於行動和表達，這也是為主作見證的方法之一。

國大正式確定「雙李配」提名

一九九〇年三月十七日

事件背景、經過

國大代表的延任案引發青年學子的不滿，紛紛發起抗議行動，後來演變成集結於中正紀念堂，展開更大規模的抗議行動，全台各大專院校學生也紛紛響應，學生們更在廣場前搭起野百合花，並提出「解散國民大會」、「廢除臨時條款」、「召開國是會議」以及「提出政經改革時間表」等四項訴求。這場俗稱「野百合學運」的行動撼動了整個朝野，各種訴求民主改革的聲浪高漲。我也特別以發表電視談話方式，呼籲國人冷靜、理性，並重申加速民主改革決心，安撫民意對國大臨時會的反彈，回應全國各界強烈要求政治改革之呼聲。

臨到的經文

不要自欺，神是輕慢不得的。人種的是甚麼，收的也是甚麼。順著情慾撒種的，必從情慾收敗壞。順著聖靈撒種的，必從聖靈收永生（永恆的生命）。

加拉太書第六章第七至八節

獲得的啟示

種瓜得瓜，種豆得豆的原則，鼓勵我不要為肉體的、物質的私慾而活，卻應依從聖靈的引導，來執行政治改革。

回應學運改革訴求　當選總統並召開「國是會議」

一九九〇年三月二十日

事件背景、經過

「野百合學運」引發社會對國大代表延任自肥的抨擊，三月十九日，我宣布將於選後一個月內召開「國是會議」，邀集朝野共商國是，並釋放出願意跟學生面對面溝通的訊息。三月二十日，立法院朝野立委就「國是會議」的構想熱烈討論，並做成決議：「建請總統儘快召開國是會議，宣布終止動員戡亂時期，並提出明確的改革時間表，回應學生的期待」。三月二十一日，我以六四一票當選第八任總統，得票率逾九成五，立即決定六月底前遴聘各界賢達召開「國是會議」。晚間八點，於總統府接見學生代表，肯定學生的行為。三月二十二日凌晨一點三十分，學生代表決議停止絕食，並同意結束靜坐活動，長達七日的「野百合學運」圓滿畫下句點。

臨到的經文

我卻不以生命為念，也不看為寶貴，只要行完我的路程，成就我從主耶穌所領受的職事，證明神恩惠的福音。

使徒行傳第二十章第二十四節

不是你們揀選了我，乃是我揀選了你們，並且分派你們去結果子，叫你們的果子常存。使你們奉我的名，無論向父求甚麼，祂就賜給你們。我這樣吩咐你們，是要叫你們彼此相愛。

約翰福音第十五章第十六至十七節

獲得的啟示

為決心推動改革，為這個國家的民主化點燃燈火。針對國大延長任期、自行集會等三項修改臨時條款之結果審查，我明確表示絕不同意。第八屆總統選舉前，所作祈禱得到的信息有兩處，都對當時的情形，有很好的啟示。上帝透過保羅表達一定要完成使命，將生命置諸度外，為國家盡職。同時，要我學習耶穌對門徒的愛，是對老百姓的愛的最好榜樣與動力。這種要表現出為人民捨命的愛，是我做總統前，上帝給予的訓示。阿們！

信仰的故事

領袖對人民捨命的愛

聖經上記載著這個故事：有一天，有兩個耶穌的門徒跑到耶穌面前說，希望以後耶穌進入天上的榮耀裡，安排他們兩人一個坐在耶穌的左邊，一個坐在耶穌的右邊。其他的門徒們知道這件事之後非常生氣，因為這兩人竟然想要先搶左丞右相的大位。於是耶穌就告訴這些爭吵不休的門徒，耶穌來到世上，乃是要「捨命作多人的贖價」，而想要當領袖的，就必須作「眾人的僕人、用人」。

耶穌「捨命作多人的贖價」，充份表現出了祂為人民捨命的愛，這是祂的榜樣。祂以自己的行為，影響了許多人，也鼓勵了許多人，成為一位最有影響力的領導者。

我做總統之前，上帝就已經給予訓示，要我學習耶穌的愛。到了一九九〇年三月間，當我在思考該如何面對「野百合學運」，進而處理國代延任自肥的議題時，上帝就是透過前面的兩節聖經告訴我，要我完成使命，並且展現對人民的愛。

我當選的那天晚上，接見了學生代表，對他們的行為加以肯定。我這樣做，背後的信仰依據，也是前述的兩節經文。

爲李元簇就職前住院迫切祈禱

一九九〇年四月三日

事件背景、經過

即將接任第八任副總統的總統府秘書長李元簇先生，是我最欽佩的人格者，要他同伴競選正副總統，雖有部份的國民黨員歧視反對，但仍受大部份國代支持選舉順利。就在就職前，因急性胰臟炎住院接受緊急手術（按：四月三日住院，四月二十日出院），我為此為其迫切禱告。渠二十日步出醫院表示，感謝我及內人連夜為其禱告。

臨到的經文

又趕出許多的鬼，用油抹了許多病人，治好他們。

馬可福音第六章第十三節

獲得的啟示

李元簇副總統，未就職前，因急性胰臟炎住院。我為此迫切禱告祈求上帝保護。聖經上說，基督徒之間要互相禱告，「使你們可以得醫治，義人祈禱所發的力量是大有功效的」。只要真心信靠上帝，虔誠祈求上帝保護，上帝必將賜福，醫治好病痛。

隨時禱告

有個故事很有趣：從前有一個牧師去攀登一座大山，登頂之後左右眺望，風景雖然很好，只是山頂的強風不斷吹來，使他站立不穩，感到很危險。這時旁邊有人提醒他，只要降低身形，風的阻力就不會這麼大了。這件事讓牧師得到一個領悟：基督徒降低身形，在上帝面前跪下禱告，有禱告就有平安，就能避免危險。

身為基督徒，無論何時何地，無論遇到什麼樣的事情，最重要的就是在上帝面前降低自己的身形，好好禱告。

我和李元簇先生分別當選正、副總統之後，還沒就職，他就因為急性胰臟炎住院，接受手術的治療。對我來說，身為總統，副手在就任之前身體出現狀況，因病住院，這是很嚴重的事情。所以我就禱告，求上帝醫治他的疾病，幫助他的身體，讓他能夠復原，繼續為國家、為人民打拚。最後，蒙上帝的保守，賜下平安而能安然渡過。

一直到最近，我都還去苗栗探望他，關心他的生活與近況。每次見面，兩人都很高興，相談甚歡。

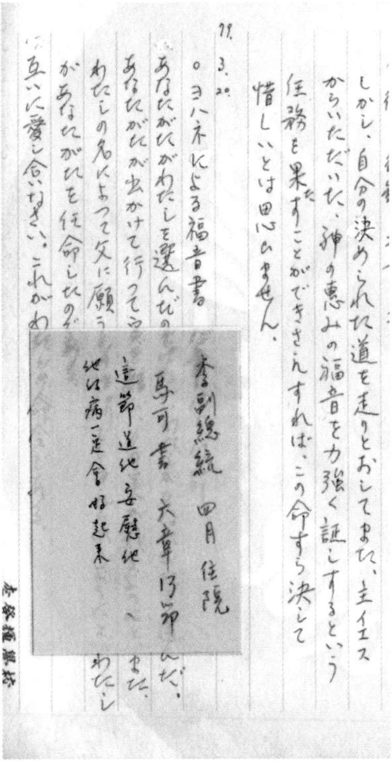

曾文惠有時以日文抄寫聖經。在她寫到馬可福音第六章第十三節的時候，用一張便利貼覆蓋在上面，便利貼上寫著：「李副總統住院……這節送他，安慰他，他的病一定會好起來。」

行政院長李煥辭職

一九九〇年五月十日

事件背景、經過

第八屆正副總統已經選出，依據憲政慣例，行政院必須進行內閣總辭，我開始思考新的閣揆人選。四月二十九日告知國防部長郝柏村，請其接替李煥接任閣揆。五月二日郝柏村同意出任閣揆。五月十日行政院長李煥率副院長等十九位閣員一起請辭，五月二十日立法院通過郝柏村接任行政院長人事案。爾後重大政策將由我、李元簇副總統、郝柏村院長、蔣彥士、宋楚瑜、林洋港、邱創煥等集體討論。

臨到的經文

一個僕人不能事奉兩個主人，不是惡這個愛那個，就是重這個輕那個。你們不能又事奉神，又事奉瑪門。

路加福音第十六章第十三節

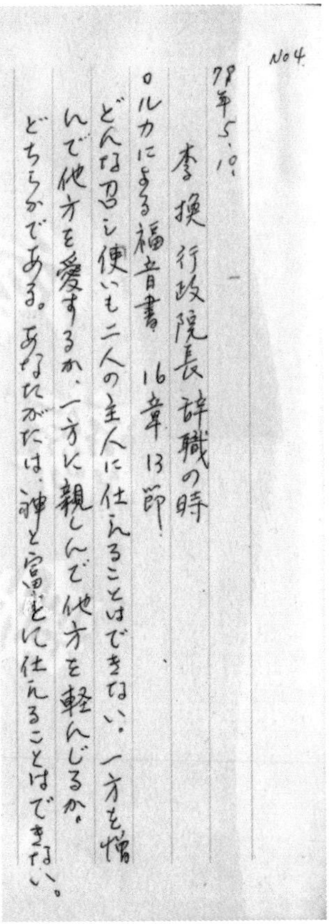
No4
79年5.10
李煥 行政院長辞職の時
ロルカによる福音書 16章13節
どんな召し使いも二人の主人に仕えることはできない。一方を憎
んで他方を愛するか、一方に親しんで他方を軽んじるか。
どちらかである。あなたがたは、神と富とに仕えることはできない。

一九九〇年五月十日，李登輝與曾文惠讀聖經的時候恰巧讀到路加福音的第十六章，曾文惠於是用日文寫下第十六章第十三節的內容。

獲得的啟示

經文所示，如果我們在運用神所託付的錢財上，有所不忠心，神就不會把本來應歸我們所有之天上財富，賞賜給我們。上帝的啟示，當信徒以現實為主人的時候，就不可能專心為將來打拚。應該要做的時候，馬上應去進行。

就任第八任總統

一九九〇年五月二十日

事件背景、經過

我與李元簇先生獲得國大代表超過八成的選票，當選第八任正副總統，並於這天正式就任中華民國第八任總統。我針對與中國大陸的關係，表示願以對等地位建立雙方溝通管道，全面開放學術、文化、經貿與科技的交流，前提是中國大陸要改變政治、經濟，並承諾不使用武力和不阻撓我對外關係。另外，我也表示希望能以最短時間，依法宣告終止動員戡亂時期，並且以二年為期，逐步修訂憲法中有關中央民意機關、地方制度及政府體制等問題。是日，並特赦黃信介、施明德、許信良等政治犯。國民黨也於當天召開臨時中常會，通過提名郝柏村組閣，卻也引起民間發起「反軍人干政萬人示威遊行」，國是會議籌備委員會並促郝柏村能自動申請除役。

臨到的經文

對我說，這是耶和華指示所羅巴伯的。萬軍之耶和華說，不是倚靠勢力，不是倚靠才能，乃是倚靠我的靈，方能成事。大山哪！你算甚麼呢？在所羅巴伯面前你必成為平地。他必搬出一塊石頭，安在殿頂上。人且大聲歡呼說，願恩惠恩惠，歸與這殿（殿或作石）。他說，這是兩個受膏者站在普天下主的旁邊。

撒迦利亞書第四章第六至七節、第十四節

二人是為我主耶穌的名，不顧性命的。

使徒行傳第十五章第二十六節

獲得的啟示

為了舉行就職中華民國第八任總統儀式，禱告求上帝賜福。上帝提示兩篇經文要我盡心去執行職務。第一篇經文告訴我，建殿必蒙主的靈幫助。起初建殿工程外遭敵人反對，內缺物資供應，困難重重，應該要等候上帝。第二篇即以巴拿巴及保羅兩位在福音事工上盡心竭力，置生死於度外為例，勉勵我做一位好總統。

郝柏村出任行政院長

一九九〇年五月二十九日

事件背景、經過

在李煥依憲政慣例提出內閣總辭後，我決定由郝柏村接任閣揆，而這個人事案一出，立即引來輿論與在野黨的強烈反彈。五月三日，《首都早報》以斗大頭版字眼「幹！反對軍人組閣」為題，表達嚴重的抗議；而《自立晚報》也在社論中，只貼出「無言」二字當作社論。五月十九日學運再起，「全民反軍人干政聯盟」更發起「反軍人干政大遊行」，要「重返」中正紀念堂抗議。反對黨民進黨也揚言退出我所召開的國是會議。五月二十九日，立法院進行閣揆人事同意案時，在野的民進黨展開長達七小時的激烈抗爭，這是立法院行使同意權以來最火爆、最失控的一次。儘管受到強力杯葛，最後郝柏村的人事案仍然通過。

臨到的經文

我見神叫世人勞苦，使他們在其中受經練。神造萬物，各按其時成為美好，又將永生安置在世人心裡。然而神從始至終的作為，人不能參透。

傳道書第三章第十至十一節

獲得的啟示

提名郝柏村出任行政院長，以當時的政局情況來看，為必要的措施，但民間有強力的反對聲音。為此求問上帝旨意，所得的經文表示，神的安排都是美好的，但人有其既定不變的觀念與看法，所以不能明白或滿足於這個變化無常的人生，上帝肯定我的決定。

回顧當時

提名郝柏村出任行政院長，我的心情非常冷靜，也沒有任何擾亂，反而是充滿了信心，相信這個提名案一定會獲得立法院通過。因為我相信，這件事情是在上帝的手中，祂比所有人更有智慧、經驗、能力。

除了有來自上帝的信心、平安之外，我也努力為這個人事案尋求各界支持。例如在立法院行使閣揆人事同意權之前，我有次在當時的台灣省議會告訴省議員們說，讓郝柏村當行政院長比較好，並且說明了我的原因，請省議員們支持我的布局。

那時我身為國民黨主席，也有信心，相信可以透過前一年底才當選的增額立委，使這項人事案獲得通過。

改革總統選制　國民黨內流派之爭再起

一九九二年

事件背景、經過

一九九二年三月間，第二屆國民大會臨時會召開前夕，我以國民黨主席身份指示，在黨內組成「修憲策劃小組」，由副總統李元簇出任總召集人，研擬新的總統選舉辦法。名列國民黨不分區國大代表，第一名的行政院副院長施啟揚，以及第二名的陸委會副主委馬英九，分別出任研究分組的正、副召集人。施啟揚與馬英九提出「總統委任直選制」，也就是人民先投票，選出某一個政黨的國代，國代再投票，選出同一黨籍的總統，以沒有國代個人意志的選制，作為規劃方向。在一九九二年三月九日，國民黨臨時中常會，針對「委任直選」以及「公民直選」進行討論，卻未能取得共識。我裁示，同時以「委任直選總統」及「公民直選總統」兩方案並陳方式，送交三中全會討論。三月十五日起，國民黨舉行兩天的三中全會會中，圍繞著總統究應直選或委任選舉之相關議題熱烈討論。被外界區分為所謂的「主流派」與「非主流派」兩派意見對立。基層民意傾向公民直選，我亦認為直選乃時勢所趨；不過，由於所謂的「非主流派」認為若採公民直選制，則會產生出所謂的「台灣國總統」，因此堅決反對。結果在會場內一波又一波的炮火朝我攻擊，場內發言場景，幾乎都是所謂的「非主流」人士所掌控。原本會議擬採付諸表決加以化解，但最後也都按捺下來，最後決議暫不決定。四月十九日，民進黨發動「四一九總統直選大遊行」活動，並在台北車站靜坐六天五夜。第一階段修憲案提交國民大會後，終在五月二十七日完成三讀，回歸憲法「正副總統連任一次」的規定，終結了總統無限制連任的畸形現象。

臨到的經文

求祢察看我的仇敵，因為他們人多。並且痛痛地恨我。求你保護我的性命，搭救我，使我不致羞愧，因為我投靠祢。願純全正直保守我，因為我等候祢。

詩篇第二十五篇第十九至二十一節

在我聖山的遍處，這一切都不傷人、不害物，因為認識耶和華的知識要充滿遍地，好像水充滿洋海一般。

以賽亞書第十一章第九節

寧可在安靜之中聽智慧人的言語，不聽掌管愚昧人的喊聲。智慧勝過打仗的兵器，但一個罪人能敗壞許多善事。

傳道書第九章第十七至十八節

總統選舉方式究應採直選或委任選舉，在國民黨內引發出所謂的「主流派」與「非主流派」兩大流派的角力鬥爭。此台灣民主化關鍵的大事，實與國民黨的法統要不要改革息息相關。為此，我不斷禱告祈求上帝旨意。所以，在不同情況下，上帝所賜經文共有三篇。第一節，提示我上帝了解我孤單痛苦，敵人又眾多和凶狠，能減輕我心中的愁苦救我脫離我的禍患。第二節表示一切情況（大自然）充滿了祥和之氣，高舉神，忠於神的旨意，一切都能解決。最後一篇，上帝說祂所賜的智慧乃作工至為重要的條件。來自神的智慧勝過勇士，應當受到重視。信仰有智慧，勝過知識，相信上帝的所賜話句，勇敢去處理國事，一切會順利。

行政院長郝柏村辭職

一九九三年二月三日

事件背景、經過

郝柏村擔任行政院長後，與總統府產生許多磨擦，對於總統府高層會議的決議，經常不予執行，甚至遭當時立委公開指出其違反體制，於國防部召開軍事座談的舉動。一九九一年十一月間，郝柏村私下召開軍事會議的事情被立委公開曝光，事後所謂「主流」與「非主流」對立越趨激烈。立委選舉期間，黃復興黨部自行配票，支持所謂「非主流派」候選人，勢力相形壯大，立法院內則出現「倒郝派」與「擁郝派」兩股勢力激烈鬥爭。所謂「擁郝派」聯絡國民黨內元老派勢力，發動閣揆保衛戰，民進黨則加入「倒郝」行列。立院改選結果出爐，在野黨席次大增，為因應新國會的產生，我希望郝柏村能夠建立國會改選後總辭的憲政慣例，但受到郝柏村的反對。一九九三年一月三十日，國民大會第二次臨時會閉幕，朝野國大代表對郝柏村高喊「下台」，郝柏村立即於當日中午，發表正式聲明表示「不再續任閣揆」，並送出辭呈。二月三日，國民黨中常會通過郝內閣總辭案。

臨到的經文

因為惡人的嘴和詭詐人的口，已經張開攻擊我，他們用撒謊的舌頭對我說話。他們圍繞我，說怨恨的話，又無故地攻打我。他們與我為敵以報我愛，但我專心祈禱。他們向我以惡報善，以恨報愛。

詩篇第一〇九篇第二至五節

獲得的啟示

這是一篇個人的祈禱詩，表達個人的苦況。上帝了解我的祈禱，以此話句鞭策我，要我為敵人禱告。

回顧當時

一個領導人有兩項非常重要的特質，一個是謙卑，另一個是冷靜。在處理這件事情的時候，我很感謝上帝，賜給我冷靜的思考，以及為敵人禱告的啟示。

那一年的春節期間，郝柏村到我家來，詢問我要啟用誰接任行政院長。對話中我向他表示，接下來會進用比較年輕的人選，也感謝他對國家的服務。他繼續說了許多，我的聲量也提高了，最後我嚴正地告訴他：「提名行政院長是總統的權力！你知道不知道？」他聽了之後才停止發言。我太太在樓上聽見了，不知發生什麼事，還有點擔心。郝柏村離開之後，我的心情不受影響，也非常堅定。

在這件事情上，上帝賜給我充足的魄力。假如以中國為例，共產黨若要推行軍隊國家化，哪位領導人有這樣的魄力，勇敢這樣去做？而我心裡並不害怕，因為軍隊國家化是我的信念，它是國家正常化、民主化必須完成的一項重要改革。為了台灣全體的人民，我連性命都可以不考慮了。

美國內戰時期的總統林肯也是這樣，為了國家，為了人民，他連自己的性命都不顧惜，勇敢推動廢奴政策。

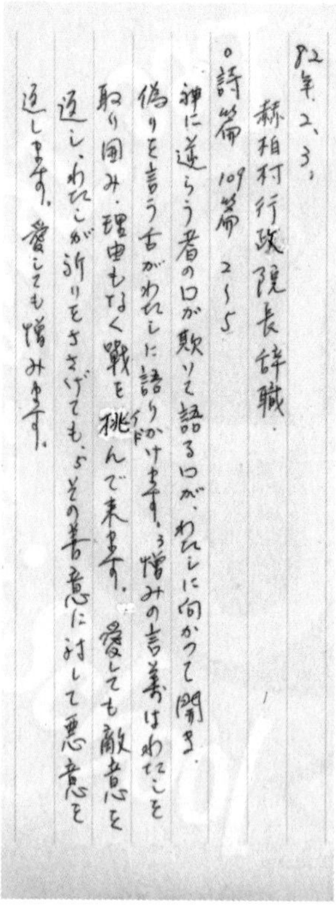
82年2.3.
郝柏村行政院長辞職.
○詩篇 109篇 2~5
神に逆らう者の口が欺いて語る口が、わたしに向かって開き.
偽りを言う舌がわたしに語りかけます。3憎みの言葉はわたしを
取り囲み、理由もなく戦を挑んで来ます。4愛しても敵意を
返し、わたしが祈りをささげても、5その善意に対して悪意を
返します。愛しても憎みます。

在曾文惠的日文手記中，紀錄了一九九三年二月郝柏村辭職當日，她與李登輝閱讀的聖經詩篇第一〇九篇經文。

民代質疑「鴻禧山莊案」相關資金來源

一九九三年十一月二十二日至二十三日

事件背景、經過

一九九三年十一月二十二日至二十三日，當時競選台北縣長的新黨候選人李勝峰，以及時任立委的李慶華，連續舉行記者會，指控內人購買大溪別墅「鴻禧山莊」的價格，與總統府公布的財產申報不相符，要求我公布購買「鴻禧山莊」的價格以及資金來源。另一方面，也對將別墅贈與年僅十三歲的孫女李坤儀一節，指控此係逃避贈與稅的行為，同時，也一併質疑相關資金來源。事實上，稅法並無規定持有多久才能贈與，我所有財產均依法申報，並無逃避贈與稅問題，這些都是政治鬥爭衍生的中傷和抹黑。

臨到的經文

或者耶和華見我遭難，為我今日被這人咒罵，就施恩與我。

撒母耳記下第十六章第十二節

耶穌又對眾人說：若有人要跟從我，就當捨己，天天背起他的十字架來，跟從我；因為凡要救自己生命的，必喪掉生命；凡為我喪掉生命的，必救了生命。

路加福音第九章第二十三至二十四節

獲得的啟示

禱告上帝，神的旨意要我忍耐受辱罵和攻擊，且以信心把事情交託與神，認為這或許是神給我的管教，唯有盼望神施恩憐憫。面對不斷的攻擊，上帝再次啟示跟從耶穌就是捨棄自己，準備受苦的意思。若只為了保存個人利益、面子，將會失去屬靈的真正的生命。保持屬天的永恆生命才為主要。

內人因卵巢囊腫住院治療

一九九三年十二月八日至二十四日

事件背景、經過

內人在七月二日於台大醫院作全身健康檢查時，醫師發現左側卵巢出現腫大的現象，經過四個月左右的追蹤，由於情況依舊沒有改善，遂決定進行切除。

十二月八日，陪同內人到台大醫院辦理住院手續，翌日手術順利結束。但因內人對針劑產生過敏現象，院方擔心返家後會受到訪客與天寒的影響，直到二十四日上午才讓內人出院，當晚與我一起平安的共度聖誕夜。

臨到的經文

神造萬物，各按其時成為美好，又將永生安置在世人心裡。然而神從始至終的作為，人不能參透。我知道世人，莫強如終身喜樂行善，並且人人吃喝，在他一切勞碌中享福，這也是神的恩賜。故此，我見人，莫強如在他經營的事上喜樂，因為這是他的份；他身後的事，誰能使他回來得見呢？

傳道書第三章第十一至十三節、第二十二節

獲得的啟示

因為內人入院切除卵巢囊腫，祈禱上帝保佑她順利結束。啟示說，神的安排都是美好的，要認定人生命中一切事物均出於神的手，視它們為神的恩賜而開懷享受，不必厭煩生命中呈現的片段及零亂。人應認定掌管生命的神，從而享受祂所賜給各人的福份，才能得滿足。感謝上帝的指示，一切平安。

曾文惠女士的信仰之路

這一次的卵巢囊腫，本來只是個很單純的手術，住院一個星期就好了。可是在出院之前，因為我對點滴的針劑過敏，又引起細菌感染血管，開始出現紅腫、發燒。針對這個情形，台灣的醫生一時沒有對策，當時台大醫療小組召集人連文彬醫師於是聯繫日本的血管專家，並從日本引進藥物，之後我又在醫院多住了一個星期。

從單純的手術，到出現紅腫、感染，及至後來竟要遠從日本引進專家，面對這樣的發展過程，我祈禱並問上帝：「祢都已經帶領我走到這裡了，而我的病情就已經快要好了，怎麼又會如此呢？」

其實，人的生命中一切事情都出自上帝之手。我又想起耶穌在聖經馬太福音當中所說的話。祂告訴我們，不要憂慮明天吃什麼，喝什麼，穿什麼，「不要為明天憂慮，因為明天自有明天的憂慮，一天的難處，一天當就夠了。」每當讀到這節經文，我心裡就覺得很輕鬆。

我非常喜歡《台灣基督長老教會聖詩》（也就是《台語聖詩》）裡面的第三百四十六首，〈境遇好壞是主所定〉這首歌。歌詞說到，「上帝在照顧你，各日在顧，各日導路。」既然是上帝在照顧我，在引導我的道路，那麼人生中各種生老病死的處境，自然也不用擔心，上帝能讓我倚靠。耶穌在聖經馬太福音裡面說，凡是有勞苦、有重擔的人，可以到耶穌的面前，因為在耶穌那裡有安息。

境遇好壞是主所定　台語聖詩第三百四十六首

1境遇好壞是主所定　上帝在照顧你
站主翼下穩當免驚　上帝在照顧你
上帝在照顧你　各日在顧　各日導路
上帝在照顧你　上帝在照顧你

2為主做工攏免失志　上帝在照顧你
路途坎坷危險彼時　上帝在照顧你
上帝在照顧你　各日在顧　各日導路
上帝在照顧你　上帝在照顧你

3
無論遇著若大試煉　上帝在照顧你
得主扶持攏免厭倦　上帝在照顧你
上帝在照顧你　各日在顧　各日導路
上帝在照顧你　上帝在照顧你

作曲／史提曼　馬汀（W. Stillman Martin, 1862-1935）
作詞／希薇拉　馬汀（Civilla D. Martin, 1868-1948）

司馬遼太郎來訪　論及「生爲台灣人的悲哀」

一九九四年四月二十九日

事件背景、經過

日本著名作家司馬遼太郎是日來訪，對談內容包括台灣的政治、歷史、教育等所面臨的問題，以及對中國的看法。其中，最受關注的，就是提及：國民黨和歷代統治台灣的政權一樣，都是外來政權的看法。我大膽表示，「台灣人長期以來受外來政權挾制，我卻感受到不能為台灣做什麼的悲哀。」、「生為台灣人，也曾有過無法為台灣盡力的悲哀」、「以前，掌握著台灣權力的，全都是外來政權。最近，我可以滿不在乎地說：即使是國民黨，也是外來政權噢！只是為了統治台灣人而來的黨！必須把它改成台灣人的國民黨。」另外，也提及「二二八事件」，引喻摩西帶領以色列百姓出埃及的故事，表示現在已經出發了，希望可以將台灣人民帶領到新的境界、新的時代。該篇訪談隨後也在日本「朝日週刊」刊出。翌日（四月三十日）起，國內的自立晚報，以連續三天的篇幅，刊出題為「生為台灣人的悲哀」的文章，內容即是我與作家司馬遼太郎的對話內容。而這些報導內容，隨即更引來中國的嚴厲批判。

臨到的經文

所以主萬軍之耶和華如此說：住錫安我的百姓啊，亞述王雖然用棍擊打你，又照埃及的樣子舉杖攻擊你，你卻不要怕他。因為還有一點點時候，向你們發的忿恨就要完畢，我的怒氣要向他發作，使他滅亡。

以賽亞書第十章第二十四至二十五節

我曾尋求耶和華，他就應允我，救我脫離了一切的恐懼。凡仰望他的，便有光榮；他們的臉，必不蒙羞。

詩篇第三十四篇第四至五節

獲得的啟示

談話後，禱告上帝支持我的看法。上帝的話句以猶大被亞述攻擊，但終必脫離亞述的轄制，就如昔日祖先在埃及之時，又在士師時代能脫離外族轄制一樣，因神必懲罰亞述。又神聽我祈禱後說一定搭救我，我們談話得到上帝的賜福。

信仰的故事

真正對的事

美國第十六任總統林肯，有一次和幕僚討論到一個非常重要的決策，擬定出方向之後有一位幕僚發言說：「總統先生，我希望上帝是站在我們這一邊。」林肯卻回答：「我在意的，並不是上帝是否站在我們這一邊，而是我們有沒有站在上帝那一邊。」

在禱告中，上帝支持我的看法，我也相信台灣的前途乃是有上帝的祝福。因此，在一九九四年間我和司馬遼太郎會面時，首度說出了我從來不曾說出的話，亦即台灣長期受到外來政權的統治，無法做自己的主人，這是生為台灣人的悲哀。

這番談話影響很大。以前沒有說，是因為時機未到。但自從我接任總統，到了一九九四年大體上一切已經安定下來：雖然總統還沒直選，可是國會陸續改選了，軍隊國家化也順利推動。

政府的制度慢慢在改變，但我知道前面還有很多還沒有解決的事情，還有很多要努力。只要是能夠讓我們社會、文明日漸提升的事情，就值得努力去做。

最近我看見幾件小事，再度體會到台灣民間的活力，以及推行「對的事」的重要。以前我擔任台北市長時曾經推行過排隊運動，受到很多人的批評。但前兩天我經過捷運芝山站外，看見從捷運站出來轉乘公車的乘客依序排隊。這是從他們內心自發的行動，不必要求，自然而然就展現出來。如果當年沒有號召大家推動排隊運動，怎麼會有今天這樣的次序呢？這就代表我們社會的程度已經提升，大家習慣了排隊。

我看電視的時候也看到，台灣的草莓農民不斷努力，使得台灣種出來的草莓果實越來越大，硬度也日漸提升，不再容易被碰傷。我覺得很了不起，這就是台灣社會一步一步的變化。

推動修憲　通過總統直接民選

一九九四年七月

事件背景、經過

過去，國民黨內主張總統應委選產生的勢力，一直未打消「委任直選」的念頭，他們以「接受台灣省長民選」作為妥協，極力推動總統「委任直選」的目的。沒想到「省長民選」的結果，更引發民眾對「總統直選」之渴望，支持總統直接民選之勢力越發浩大。四月二十八日，國民黨十四全臨中全會通過「總統直選修憲案」，至此，黨內所謂「非主流委任派」勢力可說是銷聲匿跡。七月二十八日，第二屆國大臨時會通過修憲案，以憲法增修條文第十條明訂：「總統選舉方式自第九任總統改由人民直接投票產生」，將正副總統選舉正式改為「全民直選」。這是我國歷史上劃時代的創舉，也是台灣人民第一次有機會以自由民主的方式，直接投票來決定中華民國的總統。此一修憲舉措，更將我國民主政治推入一個新的境界。

臨到的經文

萬軍之耶和華說：那日臨近，勢如燒著的火爐，凡狂傲的和行惡的，必如碎秸。在那日必被燒盡，根本枝條一無存留。但向你們敬畏我名的人，必有公義的日頭出現，其光線有醫治之能（光線原文作翅膀）。你們必出來跳躍，如圈裡的肥犢。

瑪拉基書第四章第一至二節

獲得的啟示

對本事件的重要性，上帝暗示將來的懲罰是完全的、徹底的。那一日也就是最後審判之日。肯定神對百姓的公義始終不變，如日頭一樣發光照耀，使敬畏神的人得蒙醫治。惡人受懲罰，義人則得享自由和喜樂。上帝啟示台灣在歷史上劃時代的創舉，致使萬民快樂，榮耀上帝。

立委無端指控貪污

一九九五年十月二十四日

事件背景、經過

當時，擔任首屆民選總統選舉林洋港候選人陣營顧問的無黨籍立委林正杰，在立法院進行總質詢時，以所謂的「九五問」之激烈言詞汙衊我貪汙，指控我是一顆不定時炸彈；又點名內人等是貪污集團的管道。當時，他更舉例指稱，像是國民黨不分區立委提名，或是企業要上市，都要向李曾文惠關說送紅包。其用意似在拉抬林洋港陣營聲勢。當時，為了替林陣營爭取民間支持，也喊出了：「林洋港上台，飛彈不會來；林洋港上台，和氣又生財。」的說法，然而，從翌年「海峽飛彈危機」看來，中國的飛彈似乎是對方所引來的。

臨到的經文

且有好些假先知起來，迷惑多人。

馬太福音第二十四章第十一節

獲得的啟示

上帝說，這種現象是信徒跌倒與後退的現象。需要推展福音，才可得救，不必掛意。

拜謁蔣經國陵寢未獻花反遭質疑

一九九六年一月十三日

事件背景、經過

一九九六年一月十三日是蔣經國逝世八周年的日子，蔣家家屬及黨政軍要員紛紛前往大溪頭寮致敬追思。當日上午八時二十五分，我抵達頭寮蔣經國遺體暫厝處，由於新任司禮人員對程序上疏忽，未安排獻花致意，謹以三鞠躬表達敬意，未如往年在靈堂前獻花及進入靈堂內追思，侍衛長王詣典發現疏失後，立即糾正相關人員，總統府也發表新聞稿說明詳細經過。

臨到的經文

不要殺他們，恐怕我的民忘記。主啊！祢是我們的盾牌，求祢用祢的能力使他們四散，且降為卑。

詩篇第五十九篇第十一節

獲得的啟示

這一節經文的話語提到，求神不要以「迅雷不及掩耳」的手法一次處決敵人，而是以「文火慢煎」的方式讓他們折磨，好叫大家有所警惕。

「未獻花事件」當晚讀聖經的時候，剛好讀到詩篇五十九篇的這一節，我也開始思考白天發生的事。我並非故意不獻花，而事後也瞭解，現場已經把花準備好，這純粹是司禮人員的疏忽。而且，相關人員也經過糾正，總統府也發表新聞稿說明了經過。既然這樣，隨後而來不停的批評，顯然就是被刻意挑撥，想藉機對我打擊。

我個人對這樣的事情，看得非常超脫，不會在這些事情上面生氣、打轉。從青少年時代起，直到當總統之前，透過自我磨練，我已經能夠把生命中許多事情看得很清楚、超越。

尤其，鍛鍊自己「則天去私」，要為公而不要有私心。反觀中國文化，「私」占了很重的地位，大家都是為了自己。二〇一三年初，適逢農曆新年，我在家裡看了電視連續劇《新三國》，其中曹操的故事讓我心裡很有感觸。曹操將死之前說了一段話，他說：昨日世人看我曹操有錯，今日也看錯，明日仍將看錯。但我就是我，不怕別人看錯。因而吩咐屬下，為他修建墓塚七十二處，不讓人知道他葬在哪裡。從這一段話就可以看出他的私心很強，「我就是我」。中國社會充滿了類似的私心，凡事只想到自己，以自己為中心。

孔子說，不知生，焉知死。而對基督徒來說，耶穌為我被釘在十字架上，三日之後祂復活了，有了死，才有生。這就是東、西方文化最大的差異。我身為基督徒，有上帝在天上，我生命中的一切事情都向祂祈求，我已經不是原來的我了，現在活著的是主耶穌在我裡面活著的我。原來的那個「我」已經和基督耶穌一起釘在十字架上，我現在的生命，以及基督徒們現在的生命，是復活的生命，是要用來做出對社會人群有益的事。

相較之下，中國文化以「私」為重，以自己為重，積弊到今天，恐怕很難改過來。以前我提過的心靈改革，其實也就是希望大家多從「公」的角度來思考，不要為私。台灣現在沒有好的領袖，恐怕就是受到戰後中國教育的影響很大，心裡只有「私」的想法，而無法明白真正的「我」是什麼，往往把總統當成皇帝來做。如果繼續這樣下去，民主制度就無法貫徹了。

歷經四年努力　實現總統直接民選

一九九六年三月

事件背景、經過

在決定實施總統直選後，中國即對我及台灣發動一連串「文攻武嚇」。是年三月八日起，對台灣近海發射四枚飛彈，並進行一連串的海空實彈演習，以及陸海空聯合軍事演習，都是空前規模，企圖影響總統大選。此一情勢，也促使美國派遣「獨立號」與「尼米茲號」兩艘航空母艦進入台灣海峽鄰近水域，以穩定區域和平。儘管情勢險峻如此，全體國民仍不畏中國恫嚇，而且越挫越勇，順利完成傲人的總統直接選舉。三月二十三日，正式舉行第九任正副總統選舉投票，是中華民國建國以來第一次正副總統的公民直選，也是動員戡亂時期結束後的第一次正副總統選舉。分別有國民黨「李登輝、連戰」，民進黨「彭明敏、謝長廷」，無黨籍「林洋港、郝柏村」以及無黨籍「陳履安、王清峰」四組人馬參加選舉。選舉結果，由我與連戰獲得過半數之百分之五十四選票，成為首任民選正副總統。此次總統直接民選，也是自一九九二年選舉方式爭議爆發以來，歷經四年才得以付諸實現的，不但是台灣民主史上的盛事，也是所有華人歷史上的一大事件。

臨到的經文

耶和華的靈必住在他身上，就是使他有智慧和聰明的靈、謀略和能力靈、知識和敬畏耶和華的靈。

以賽亞書第十一章第二節

獲得的啟示

上帝啟示總統應有治理的才幹，外交上的技巧和堅決的態度，尊敬神，以神的旨意作依據。由此，我認為領導者的條件，信仰第一，國家人民的困難解決為首要目標。

就任台灣首任民選總統

一九九六年五月二十日

事件背景、經過

是日，是首任民選正副總統就職的日子。我在就職演說中表示，統治國家的權力屬於人民全體，不是個人、不是政黨。這是「自由意志」的充份發揮，是「主權在民」的完全落實。也願意帶著兩千一百三十萬同胞的共識與意志訪問中國，從事「和平之旅」。同時，為了打開海峽兩岸溝通、合作的新紀元，為了確保亞太地區的和平、安定、繁榮，我表達了願意與中國最高領導當局見面，直接交換意見。因為，我認為只有透過對談溝通，才能解決兩岸問題。同日，美國柯林頓總統也對外宣示，同意提供我戰區飛彈防禦能力。

臨到的經文

你們要稱謝耶和華，求告祂的名，在萬民中傳揚祂的作為。

詩篇第一〇五篇第一節

獲得的啟示

邀請同胞齊來唱頌讚神，宣揚祂的偉大。高聲呼喊「耶和華的名應受稱頌」。耶和華已指示我們何為善，祂向我所要的是甚麼呢？只要我們行公義、好憐憫、存謙卑的心與你的上帝同行。

詩篇一〇五篇的前幾節經文，是很歡樂的內容。我聽取太太的建議，在就職典禮中，步入會場時播放貝多芬第九號交響曲的「快樂頌」樂章。當晚回到家，禱告後我和我太太翻開聖經，也恰好看見這一篇歡樂的詩篇。

台灣基督長老教會的葉啟祥牧師還曾經打趣問過我，我在本書中引用的聖經經文，是否在事後才找出來放上去的。我告訴他，不是這樣，而是禱告之後翻閱聖經，自然就出現了。這也可以說是上帝對我們的疼愛吧。

決定讓孫女出國留學

一九九六年九月六日

事件背景、經過

因為台灣媒體的亂象，讓尚在國中求學的小孫女坤儀，成為媒體追逐的目標，甚至，在高中聯考的考場上也不放過，大大影響考試情緒及作答，甚至其生活。內心雖然不捨，但總希望讓她換個沒有壓力的正常求學環境，於是只好決定讓她遠赴瑞士求學，希望她在國外的求學，有上帝的恩典滿滿。

臨到的經文

又有落在好土裡的，就發生長大，結實有三十倍的，有六十倍的，有一百倍的。又說，有耳可聽的，就應當聽。

馬可福音第四章第八至九節

聖經馬可福音裡面「撒種的比喻」安慰了李登輝和曾文惠，他們希望李坤儀有如「落在好土裡的種子」，能夠順利成長，也希望李坤儀能如聖經箴言第二章的記載，蒙上帝的保守。

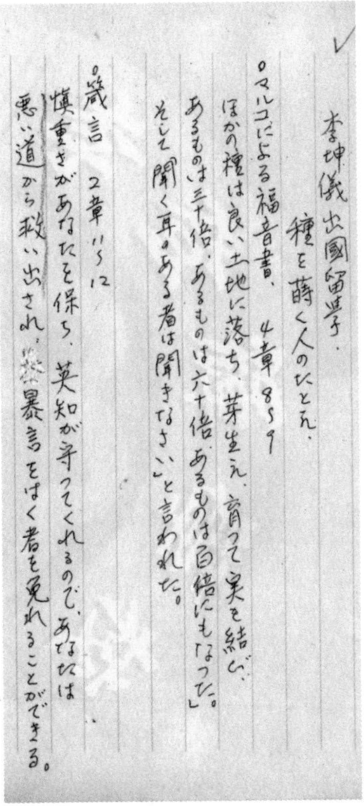
李坤儀 出國留学。
種を蒔く人のたとえ。
○マルコによる福音書、 4章8～9
ほかの種は良い土地に落ち、芽生え、育って実を結び、
あるものは三十倍、あるものは六十倍、あるものは百倍にもなった。」
そして聞く耳のある者は聞きなさい」と言われた。
○箴言 2章11～12
慎重さがあなたを保ち、英知が守ってくれるので、あなたは
悪い道から救い出され、暴言をはく者を免れることができる。

獲得的啟示

孫女李坤儀想要出國念書，大家心內頗有不安之感。儘管在國內的學習環境不理想，出國也有相當程度的煩惱。此時，向主祈求旨意。得到的經文，表示留學的國家，若進入好的學校，以撒種的比喻，可得相當的成就。最後，家庭集會討論，決定鼓勵她留學瑞士。

信仰的故事

正確的環境

從前有個農人，養了許多馬，馬兒平常都奔跑在平坦順暢的大路上，卻常常生病。於是農人前去請教一位有智慧的老者，想找出馬兒生病的原因。

老者調查了情況之後告訴農人，是因為道路太過於平坦，馬兒沒有機會考驗自己的筋骨、力氣，因此體弱多病。只要有機會讓這些馬兒努力、奮鬥、發展力氣，馬兒的身體自然會好起來。

在人生的道路上，我們也需要一個正確的環境來鍛鍊我們。因此，當在考慮是否讓孫女李坤儀出國念書的時候，最大的目的就是希望她有一個好的環境，就有如「落在好土裡」的種子，以後才能夠結實纍纍。

孫女赴瑞士留學

一九九六年九月十日

事件背景、經過

為隻身遠赴歐洲求學的小孫女坤儀禱告，求主保守她在國外陌生的環境，能不為那惡者摸著，專心把課業及品格兼顧。

臨到的經文

謀略必護衛你，聰明必保守你。要救你脫離惡道（惡道或作惡人的道），脫離說乖謬話的人。

箴言第二章第十一至十二節

獲得的啟示

上帝賞賜她智慧，必蒙神保守，智慧使人離開惡行，不致走進黑暗滅亡裏。

如此安心送到瑞士求學。

遭「吃飽魚案」不實指控

一九九七年五月十日

事件背景、經過

媒體報導我前一年的生日大啖鮑魚大餐，費用高達五萬四千元。澄社學者更舉行記者會及發表長文，批評我提倡之「心靈改革運動」，以此大做文章加以污衊。事實並非如此，我一向不挑食，此次更僅是應友人之邀餐敘，上什麼菜完全是客隨主便。

臨到的經文

你們以祈禱幫助我們，好叫許多人為我們謝恩，就是為我們因許多人所得的恩。

哥林多後書第一章第十一節

獲得的啟示

經文表示，保羅呼籲信徒為他代禱，使他在日後的苦難中可以蒙恩脫險，然後眾人得以為他一同感謝神。上帝以保羅的例子，告訴我遇到困難時，學習保羅為神所賜的安慰而感恩。

心裡的海圖

有一個人走在路上，看見路旁一個牌子寫著「金在這裡」，他以為找到寶了，於是開始挖掘。

挖了半天沒有效果。有個路人走過告訴他，聽說寶是藏在右邊，於是這人朝右重新挖掘。另一個路人走過，認為應該是在左邊，於是那個人又改在左邊挖掘。辛苦了半天，卻是徒勞無功。

如果我們自己心裡沒有定見，只能聽人言，那麼就像一艘沒有海圖的船，連港口都駛不出去了。面對他人的抨擊、批評或流言也是一樣，必須以冷靜的態度，理性來思考和處理。這個鮑魚事件就是很好的例子。我十分關心台灣文化，而那天其實是邱復生、葛福鴻兩位文化人士請客，我則客隨主便。或許是當時廚師想對外宣傳，而將此次宴會相關事情傳出，之後各方不實的批評不斷。

在民主社會裡，國家、社會的領導人經常會受到各種批評。其實，輿論怎麼講，並不必在意太多，只要方向正確，該做的事情就去做，不要因外在的抨擊而退縮、猶豫不決，否則將難以成事。

我在十二年總統期間，推動改革，團結各界的力量，追求台灣的民主與自由，這是很不容易的事情。以前媒體一直批評我，我太太看了非常擔心，有時甚至留著眼淚說，不要當總統算了，被人攻擊、批評成這樣子。我告訴她，世界就是這樣，無論做任何事，都會招到批評，不必為此煩惱，只要自己掌握好方向就可以。

最近我看了《新三國》連續劇，對曹操有了不同的看法。以前認為他不過就是個土包子，自我又很強，大家都說他是壞人。但他其實是一個很有主張、清楚知道自己做事方向的人，這一點就和劉備完全不同。「三國」其實就是不同領導人物性格和能力的寫照。曹操雖然重私，與我重公的哲學思想不同，但他身為領袖，擁有自己的「海圖」，知道自己要往哪裡去。

民選總統任滿週年「鴻禧山莊案」指控再起

一九九七年五月二十一日

事件背景、經過

自九六年總統大選開始，一直到最近的就職一週年以來，不斷有人拿我購買「鴻禧山莊」的事情炒作新聞，繪聲繪影地渲染為官商勾結。對於我從事正常社交之高爾夫球運動，也無情地抨擊。

臨到的經文

不知羞恥的國民哪！你們應當聚集。趁命令沒有發出，日子過去如風前的糠，耶和華的烈怒未臨到你們，祂發怒的日子未到以先，你們應當聚集前來。世上遵守耶和華典章的謙卑人哪！你們都當尋求耶和華。當尋求公義謙卑，或者在耶和華發怒的日子，可以隱藏起來。

西番雅書第二章第一至三節

獲得的啟示

經文呼籲百姓尋求神。百姓當趁審判未到之前快快悔改，義人則應繼續尋求神的行義。「鴻禧山莊案」，完全是新聞炒作，應以義人的態度尋求神的態度面對。

上帝的試煉

在新約聖經裡面有一個母親，她的兩個兒子雅各和約翰都是耶穌的門徒。這位母親之所以會在聖經上出現，是因為她向耶穌提出了一個非常有名的要求。她告訴耶穌，將來在耶穌在主的國度裡做王的時候，她的兩個兒子，一個要坐在耶穌的右邊，一個要坐在耶穌的左邊。

結果如何，大家都知道了，耶穌並沒有答應她的請求。原因是，她並不知道在耶穌的國度裡，和人的國度是不同的。在耶穌的國度裡，乃是要先吃苦，成為僕人，才能得到賞賜。在聖經裡，耶穌反問這位母親，日後所要承受的，她兩位兒子能否承受得了呢？

有時候上帝會以嚴厲的苦難來試煉人，或給一些困難來試探人有無信心、有多少信心。過去多年來，關於鴻禧山莊無端、不實的指控，我並不氣惱。事實上，關於地目變更、贈與稅繳納等問題，一切皆依照當時相關法律規定辦理，可受公評。既是這樣，我就忍耐吧，因為我相信終久上帝一定會祝福。

第二次總統民選國民黨敗選　連戰逼宮

二〇〇〇年三月二十一日

事件背景、經過

二〇〇〇年三月十八日，台灣舉行第二次總統民選，代表國民黨的「連戰、蕭萬長」組合敗選，當晚，不滿大選結果的民眾包圍國民黨中央黨部。二十一日，我約見連戰商討選後如何因應政局，會面時我詢問連戰，是否該辭去黨主席一職？連戰回應「應該辭」，並表示時間「越快越好！」。此言令我相當心寒。我並於二十四日召開的國民黨臨時中常會，正式宣布辭去黨主席一職。

臨到的經文

誰敬畏耶和華，耶和華必指示他當選擇的道路。他必安然居住，他的後裔必承受地土。耶和華與敬畏祂的人親密，祂必將自己的約指示他們。

詩篇第二十五篇第十二至十四節

樹若被砍下，還可指望發芽，嫩枝生長不息，其根雖然衰老在地裡，幹也死在土中。及至得了水氣，還要發芽，又長枝條，像新栽的樹一樣。

約伯記第十四章第七至九節

獲得的啟示

上帝的旨意告訴我們，不要在極度沮喪中認為人的命運不如樹木。要不斷有相信神的存在，上帝不但滿有恩惠和慈愛，而且公平誠實。故敬畏祂的人必要蒙福。一切交給上帝，由祂安排。

回顧當時

我卸任之後，曾經和邱永漢先生在大溪的鴻禧山莊見面，談話的內容後來刊載在二〇〇〇年十月的日本《中央公論》月刊，以及台灣的《今週刊》。

在談話中提到，我曾說過充滿矛盾的國民黨！如果沒有這股力量並借重它來推動改革，那什麼也做不了，台灣便無法民主化。公元兩千年國民黨敗選，三月二十四日我辭去國民黨主席一職的時候，當時心裡想著三件事。第一，我已經完成台灣的政治改革，對於國民黨，我已經沒有任何任務了。第二，國民黨這個龐大的政治體，對我來說已經不再是必要的了。第三，政權一定要和平轉移。所以在五月二十日之前，縱使我不再是國民黨主席，只要還是總統，就能在當天和平地轉移政權。因此我覺得自己應該離開政治舞台，站在超然的立場來思考國家的問題。

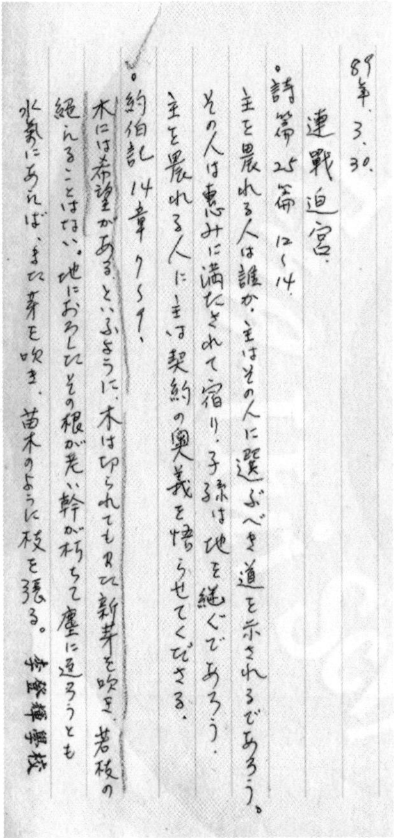
89年 3. 30.
連戰迫宮.
。詩篇 25篇 12～14.
主を畏れる人は誰か。主はその人に選ぶべき道を示されるであろう。
その人は恵みに満たされて宿り，子孫は地を継ぐであろう。
主を畏れる人に主は契約の奥義を悟らせてくださる。
。約伯記 14章 7～9.
木には希望があるというように，木は切られてもまた新芽を吹き，若枝の
絶えることはない。地におろしたその根が老い，幹が朽ちて塵に返ろうとも
水気にあえば，また芽を吹き，苗木のように枝を張る。 李登輝學校

公元二〇〇〇年國民黨輸掉總統選舉，三月三十日曾文惠以「連戰迫宮」為標題，寫下了她與李登輝閱讀的經文，出自詩篇及約伯記。

內人遭污衊　指控攜金出境

二〇〇〇年三月二十三日

事件背景、經過

因國民黨在總統大選敗選，抗議群眾於十九日即集結於國民黨中央黨部大樓前不散，新黨立委謝啟大向群眾演說，並指控內人已攜帶大批珠寶出境。二十三日，新黨立委馮滬祥進一步召開記者會，指控內人攜帶八千五百萬元美金搭乘長榮航空前往美國。同時，也煞有其事地出示所謂「提單資料」，捏造內人於十九日透過長榮航空公司，載運美金八千五百萬元到美國紐約，因金額違反規定，遭美國海關拒絕並遣返台灣。事後，華航及長榮航空公司特地出面澄清謠傳，指出，第一夫人並未搭乘其航機前往美國；美國銀行及美國移民局官員更證實，並沒有李曾文惠的入境紀錄。這些人士的污衊及不實指控，不僅使個人名譽受損，對家人造成極大困擾，也造成社會很大不安，令人覺得動機居心叵測。

臨到的經文

挖陷坑的，自己必掉在其中。滾石頭的，石頭必反滾在他身上。虛謊的舌，恨他所壓傷的人。諂媚的口，敗壞人的事。

箴言第二十六章第二十七至二十八節

獲得的啟示

本件係極端的惡性，故意陷害內人的不實指控，使登輝名譽受損，造成社會不安。求主幫助、尋救。上帝啟示，指人人都可以看出他們心中的怨恨，害人即害自己，虛謊的舌傷害所憎恨的人。故本件決定申訴法院求證。

曾文惠女士的信仰之路

從前有一個老師要暫時離開教室，於是告訴學生要乖乖待在教室裡複習功課。老師一走，學生們立刻很開心地跑到教室外去玩耍，還有一個學生爬到樹上，抓了一隻蟬放在口袋裡。後來學生看見老師遠遠走回來，於是立刻跑回教室坐好。

老師回到教室之後問小朋友們：「你們有沒有乖乖待在教室裡？」學生們異口同聲回答：「有！」這時那隻蟬卻開始鳴叫起來，抓蟬的學生一緊張，想用力捏住蟬不讓牠叫，豈知一捏蟬卻叫得越大聲。老師這下就知道學生們剛才跑到外面去玩了。

這個故事的寓意是，人做了什麼錯事是隱藏不住的。我沒有帶著八千五百萬美元到美國，我什麼也不必隱藏，因為沒有就是沒有。當年知悉謝啟大等人對我的指控時，心裡的反應是完全的「莫名其妙」，並不是生氣，而是想「政治」怎麼會這樣。

實在講起來，我不喜歡「政治」，因經歷過二二八的年代，年少時心中即已蒙上了「政治很可怕」的暗影。而當初以為嫁給了位學者，豈料後來因緣際會，他竟走上從政之途。

在這個無端指控的事件中，先生安慰我說，政治就像社會，各種人都有，免不了會出現這種虛妄的情事，說得繪聲繪影，黑白顛倒；而我翻閱聖經，看見箴言裡面的這段話語：「挖陷坑的，自己必掉在其中。滾石頭的，石頭必反滾在他身上。虛謊的舌，恨他所壓傷的人。諂媚的口，敗壞人的事。」對照後來當事人敗訴，真的，上帝的話是「一百分！」而到今天我差不多都忘了這件事。

如果問我，關於「政治」我想說些甚麼，那麼我想說的是：我希望台灣的民主能夠持續進步！

反擊謝啓大等民代不實指控

二〇〇〇年三月二十九日

事件背景、經過

針對謝啟大等人指控內人攜金前往美國一事，內人決定控告這些民代涉及誹謗，並且向其提出求償。

臨到的經文

（可拉後裔的詩歌、交與伶長、調用女音。）神是我們的避難所，是我們的力量，是我們在患難中隨時的幫助。所以地雖改變，山雖搖動到海心，其中的水雖匉訇翻騰，山雖因海水而顫抖，我們也不害怕，有一道河，這河的分叉，使神的城歡喜。這城就是至高者居住的聖所。神在其中，城必不動搖。到天一亮，神必幫助這城。外幫喧嚷，列國動搖，神發聲，地便熔化。萬軍之耶和華與我們同在。雅各的神是我們的避難所。

詩篇第四十六篇第一至七節

獲得的啟示

上帝要我深信選民無論經歷任何動亂或危機，神仍然與他們同在，故不用驚慌。神既然住在耶路撒冷，必會和當地居民同在，保護他們；祂一發聲，騷動和喧嚷的萬國便立刻慌亂。伊甸園由河流灌溉，象徵神的恩惠湧流，使城的居民大有快樂。這表示上帝是我們唯一避難所，不要為此感覺不安。

欲赴日醫治　簽證遲未獲准

二〇〇一年四月十五日

事件背景、經過

自「九二一大地震」救災期間開始，乃至總統大選輔選時，每天心臟絞痛，且時有心悸及血壓高等問題，動過手術尚有病狀需要處理。日本倉敷醫院的光藤和明醫師對我病情及血管支架位置最為瞭解，因此決定赴日就醫，和政治毫無關連，無奈日本政府始終未核准發簽證。我認為日本過於膽小，毫無大國心胸氣度及人道觀念。經過禱告求告神後，決定召開記者會表達我的看法。四月十五日，我正式召開記者會，呼籲日本政府同意我前往日本接受治療，後來日本政府在各方壓力下，同意核發十五天簽證。

臨到的經文

祢看我怎麼愛祢的訓詞。耶和華啊！求祢照祢的慈愛將我救活。祢話的總綱是真實，祢一切公義的典章是永遠長存。

詩篇第一一九篇第一五九至一六〇節

獲得的啟示

求神按祂自己的律法拯救我，即為我申辯證明我無辜。上帝律法的中心就是真理，絕對可信靠。

回顧當時

那時我的主治醫生是台大的連文彬教授。我的症狀出現後，他幫我查詢過國內的心臟專家們，一時找不到適當的人選，於是去日本找到一位合適的醫生。但是當時日本的外交部不願核發簽證，經過一連串的協商之後，最後是當時日本首相森喜朗決定核准簽證。

我現在審視自己身體的情況，我覺得好、壞各是「五十趴」，差不多可以再維持幾年。但我一點都不煩惱，我對死亡這件事並不煩惱。身體不舒服的時候，當然會去找醫生，不過生命是在上帝的手中，我隨時離開都沒關係。我很喜歡一首歌，歌名叫做「千風之歌」，它的歌詞和意境都很美，是在表達對生者的安慰，同時呈顯出一種近乎永恆的生命的美感。

雖說我並不煩惱死亡，不過，我想或許我會牽掛著太太吧。她的依賴心比較強，以前我從外面回來，只要察覺我臉上稍微一點不高興，就可以讓她煩惱半

千風之歌

請不要佇立在我的墓前哭泣
因為我並不在那裡　我並沒有沉睡不醒
而是化為千風　我已化身為千縷微風
翱翔在無限寬廣的天空裡
秋天　我化身為陽光　照射在田野間
冬天　我化身為白雪　綻放鑽石般的閃耀光芒
晨曦升起之際　我幻化為飛鳥　輕聲地喚醒你
夜幕低垂之時　我幻化成星辰　溫柔地守護你
請不要佇立在我的墓前哭泣
因為我並不在那裡　我並沒有沉睡不醒
而是化為千風　我已化身為千縷微風
翱翔在無限寬廣的天空裡

曾文惠極喜愛的「千風之歌」中文歌詞，原文為美國詩人弗萊（M. E. Frye）所作，在日本則以秋川雅史的演唱版本較為有名。

天。我現在為了讓她安心，已經改變和她相處的方式，凡事都順著她，不再跟她說這樣不對、那樣不妥，讓她安心。太太是一個很認真的人，到現在還是很用心看書。有時候我晚上醒來，發現已經半夜兩點了，而她還在看書，她眼睛不好，我希望她不要這麼認真，但她說沒看書睡不著。我順著她，心想這樣也好，人的思想透過閱讀和思考，會不斷變化，也才會更進步。

順利赴日治病

二〇〇一年四月二十四日

事件背景、經過

是日中午順利抵達日本岡山倉敷中央醫院，接受光藤和明醫師複檢及處置。原本病情乃個人隱私，為不使外界誤解，特授意光藤醫師對外說明病情。光藤醫師表示我心臟血管原本有三大條阻塞，必須安裝五根支架，算是相當嚴重的。此次檢查結果發現，心臟血管另有兩個地方需要處置，一處以氣球來加以擴張，另一處則為左迴旋舊支架處有病變，因此，再加裝了第六根支架。此次訪日，有僑胞守候歡迎，中共卻發動留學生拉布條抗議，並且召回大使以示抗議，甚且威脅取消李鵬訪日計畫。

臨到的經文

你們既然奪取我的金銀，又將我可愛的寶物帶入你們宮殿（或作廟中）。

約珥書第三章第五節

我們在一切患難中，他就安慰我們，叫我們能用神所賜的安慰，去安慰那遭各樣患難的人。

哥林多後書第一章第四節

獲得的啟示

個人病情，醫術上有必要訪日找良醫治療，但政治上有各種困難阻止。求主指示，上帝說沒有什麼理由反對我，這些人屢次壓迫神的子民等於反對神。這些人所犯的罪包括了奪取神的金銀財物，並販賣神的子民。上帝啟示，患難對信徒有雙重的意義：（一）藉此經文經歷神的安慰；（二）日後能用從神而得的安慰，去安慰在患難中的人。

台灣團結聯盟成立
二〇〇一年八月十二日

事件背景、經過

台灣團結聯盟於是日正式宣布成立，大會並通過黨章、黨綱、黨歌，也首度對外介紹立委參選人，我應邀出席致詞。首任黨主席為黃主文先生。觀諸台灣政局在政黨輪替後，政黨政治及國會運作根本不是推動國家民主的發動機，反倒是民主發展的絆腳石，台灣亟需新國會、新政治及新轉變。人民的選擇，決定台灣政權轉移，今後如何鞏固民主改革後的發展，更是重要。希望台聯團結台灣人民前進，壯大台灣，在新世紀之初，帶領台灣向前走。

臨到的經文

到那日，我必建立大衛倒塌的帳幕，堵住其中的破口，把那破壞的建立起來。重新修造，像古時一樣。

阿摩司書第九章第十一節

獲得的啟示

台灣團結聯盟成立大會，禱告上帝幫助該組織能為台灣政局安定，國會運作順利，鞏固民主改革。上帝啟示，應憶猶大於主前五八六年亡於巴比倫，導致大衛王朝終止一事，為建國努力使選民生活得安定和繁榮。

清楚正確的目標

從前有個農人教導他的兒子如何犁田。他告訴兒子，只要望著田邊的一個定點，當成目標，朝著目標直直犁過去，就會有筆直的田畦了。

農人走後，他兒子選擇了田邊一隻牛當成目標，開始犁田。沒想到犁出來的卻是歪歪曲曲的田畦。農人回來後見狀告訴兒子說，他沒有選定正確的目標，反而選擇了一個游移不定、隨時變換位置的目標，難怪事情沒做好。

台灣的目標，應該放在追求安定、發展經濟上面。很可惜的是，當初台聯成立主要是要幫助執政的民進黨穩定政局，讓國會運作順暢，可是民進黨卻為一黨之私，想辦法要排除台聯，最後並與國民黨聯手通過有利於大黨卻不利於小黨生存的單一選區兩票制。政黨私利凌駕國家利益，結果是從二〇〇〇年以來，台灣一事無成。今日看來，台灣的政治還需要努力，前面的道路依舊艱難，需要兩千三百萬新時代台灣人摒棄私心，團結一致，往正確的目標和方向前進才行。

另一方面，就台灣目前的經濟情況來看，我擔心未來還會再辛苦一陣子。農曆新年期間我看到報導，有人很熱心為街友辦桌、辦尾牙，有許多街友參加。這些慈善的事情當然需要有人做，可是更根本的問題，是在台灣經濟。

台灣經濟發展方向走偏了，以致失業率居高不下，貧富差距也不斷拉大。台灣經濟要發展起來，需要改革和創新，包括品質、流通、技術都要進行升級，不能光想靠低廉工資就以為可以賺錢。我很佩服台積電，自一九八七年成立，始終根留台灣，努力提升發展，並沒有跟隨降低成本的風潮而轉向中國。

民代再指控「翠山莊是違建」
二〇〇一年十月十八日至二十八日

事件背景、經過

新黨籍的台北市議員李慶元召開記者會，指控我退休後居住之「翠山莊寓所」是違章建築。當時，外界普遍認為係其選舉造勢之舉動，加上他指稱總統府斥資一千多萬元加以整建，此舉不但違反建築法規，更違反土地使用分區管制規則之保護區規定。其後並多次前往翠山莊，要求建管機關拆除違建。由於這項指控是在選舉前夕，造勢意味頗濃，致使台北市政府自然非得出面處理不可。當時可說是大動干戈，又是航測圖，又是丈量，又是水土保持等措施。最後，當時擔任台北市政府建管處長劉哲雄出面說明，表示根據歷年空照圖及各項資料鑑定，李慶元所指之違建部份，係屬舊違建，且不涉及公共安全、公共衛生、公共交通、都市景觀、水土保持法等重大違規，不在拆除之列。整個事件可以說是一個政治事件，而且從事件之起到事件之落幕，或說未落幕，似乎充滿了政治意涵。

臨到的經文

這事在我好像挪亞的洪水。我怎麼起誓不再使挪亞的洪水漫過遍地，我也照樣起誓不再向你發怒，也不斥責你。大山可以挪開，小山可以遷移。但我的慈愛必不離開你，我平安的約也不遷移。這是憐憫你的耶和華說的。

以賽亞書第五十四章第九至十節

迦勒底人自高自大，心不正直。惟義人因信得生。

哈巴谷書第二章第四節

獲得的啟示

民代常為了選舉造勢，用各種手段引起外界注目。這個事件讓我體會到：昔日洪水過後，神應許不再使水氾濫毀壞全地。同樣，今日神向以色列民保證，祂的慈愛必不離開他們。對翠山莊違章建築案，主以兩篇經文安慰我，表示加勒底人不義的結局，有五禍的發生。

「李登輝之友會全國總會」成立

二〇〇一年十一月十四日

事件背景、經過

「李登輝之友會全國總會」是一個以支持李登輝本土化路線為宗旨的民間社團，在前國策顧問黃崑虎的號召之下，於二〇〇一年十一月初，假台北大三元餐廳召開第一次籌備會議，商討如何以民間力量具體支持並聲援我。「李登輝之友會全國總會」也於十四日，在台北世貿國際會議中心正式成立，並由黃崑虎擔任總會長，負責統合全國各地李友會，全力支持我。我在會場呼籲台灣人民要發出聲音，延續台灣優先、本土化與民主化道路。有鑑於台灣的主體聲音，受到國內外因素影響而有減少趨勢，因此，「李友會全國總會」的成立，代表台灣主流聲音的總集合，要把政黨輪替一年多的不好現象，撥亂反正過來。其成立的意義重大，因為，這不是代表李登輝個人，而是代表民主化、本土化價值的抬頭。未來每個「李友會」成員也都是「寫台灣歷史的義工」。另外，自二〇〇〇年五二〇後，看到政局不安、經濟衰敗、國會有如無政府般的亂象，看了實在無法安心過著退休生活，加上各界朋友紛紛要我出來，經過思考、祈禱，為讓台灣繼續走向台灣優先、本土化與民主化的道路，原先已安排好的退休生活，現在看來，也只好延後。

臨到的經文

智慧必使你行善人的道，守義人的路。正直人必在世上居住。完全人必在地上存留，惟有惡人必然剪除。奸詐的，必然拔出。

箴言第二章第二十至二十二節

展開爲台聯立委候選人站台行程
二〇〇一年十一月二十六日

事件背景、經過

二〇〇一年底縣市長、立委選舉自當日起，展開參選人登記作業，象徵年底選戰揭開序幕。全台各地都有參選人成立競選總部及後援會，而且各政黨都有巨頭、政治明星或精神領袖親自揮軍造勢，以致於氣氛冷清的選戰驟然升溫。我為主張強化台灣主體意識的台灣團結聯盟，投入為其候選人輔選站台的行程。我並喊出「八十歲與五十歲來拚一下，還不知誰贏！」來喚起支持代表本土意識的力量。是項輔選行程，後來也陸續前往高屏、台中、桃竹苗等地區。

臨到的經文

當將你的事交託耶和華，並依靠祂，祂就必成全。祂要使你的公義，如光發出，使你的公平，明如正午。

詩篇第三十七篇第五至六節

獲得的啟示

上帝的旨意說，一切交給祂，神會安排一切，使公義發光。

立委選前之夜　再赴高雄爲台聯候選人助選

二〇〇一年十一月三十日

事件背景、經過

二〇〇一年第五屆立法委員選前最後一夜，我偕內人南下高雄，一同為台聯四位在地選區的立委候選人衝票，並在晚會上與大家一同合唱「福爾摩沙，我的愛」，氣氛感人。隔日，選舉結果出爐，全國二二五個立法委員席次中（包括一六八名區域立委、四十一名不分區立委、八名僑選立委與八名原住民立委），結果民進黨獲得八十七席、國民黨取得六十八席、親民黨拿下四十六席，而台灣團結聯盟儘管剛成立不到半年，本次選舉卻一舉拿下十三個席次，成為了立法院的第四大黨。

臨到的經文

智慧人的法則（或作指教）是生命的泉源，可以使人離開死亡的網羅，美好的聰明，使人蒙恩。奸詐人的道路，崎嶇難行。凡通達人都憑知識行事。愚昧人張揚自己的愚昧。

箴言第十三章第十四至十六節

獲得的啟示

雖然台聯成立不到半年就有輝煌的成就，但上帝也啟示，不要忘記神的教訓：有智慧要行公義，專心用智慧尋求查究天下所作的一切事，乃知神叫世人所經煉的，是極重的勞苦。希望該黨不要張揚自己的愚昧。

發起成立群策會

二〇〇一年十二月三日

事件背景、經過

由我發起的群策會，於當天舉行酒會正式宣布成立。包括當時的陳水扁總統、民進黨主席謝長廷，以及備受注目的國民黨副主席蕭萬長和立法院長王金平都到場致賀。酒會現場可說是朝野政治人物、企業界、學術界與文化界人士雲集，國內外媒體也動員大批人力現場採訪。

我致詞強調，群策會的成立，是代表全體台灣人民對新時代的期待。「群策會」以作為台灣前途「策劃與實踐的行動智庫」自許。成立的目的是產生朝野、全民合作的氣氛與機會、凝聚共識，並進一步形成推動政策的影響力量。

在當時的政治氛圍中，可說是：兩岸在加入世界貿易組織（ＷＴＯ）後，中國大陸在國際間會更加坐大，要併吞台灣的野心增強，台灣面臨更大的生存危機。

臨到的經文

那時，我必領你們進來，聚集你們。我使你們被擄之人歸回的時候，就必使你們在地上的萬民中有名聲，得稱讚。這是耶和華說的。

西番雅書第三章第二十節

獲得的啟示

群策會的成立，就是要服務新時代台灣人認同國家，團結一致，得心靈改革。上帝啟示說「我在你們眼前使你們被擄之人回歸，使你們從苦境轉向」。上帝應許群策會在台灣的萬民中有名聲，得稱讚。阿們！

爲謝啓大不實指控第一審出庭

二〇〇二年三月四日

事件背景、經過

二〇〇〇年總統選舉結束後，當時的新黨立法委員謝啟大、馮滬祥等人，相繼公開指責內人將八千多萬美元偷偷運往美國。內人上法院控告馮滬祥等人誹謗，並於本日出庭應訊。在庭上明確否認有運美金赴美一事，表示「大選」結果揭曉後，一直是待在官邸，僅三月二十一日兒子二十周年忌日時曾外出掃墓。本案一審時，台北地院法官認為三人基於社會公益，且言論在合理懷疑下所發表，判三人無罪，內人不服提出上訴。事後，本案隨即在同年的十二月十二日，由高等法院進行二審宣判，謝啟大遭判處有期徒刑三個月、戴錡亦判有期徒刑三個月，馮滬祥則被判有期徒刑四個月定讞。

臨到的經文

主耶和華如此說，以色列的王啊，你們應當知足。要除掉強暴和搶奪的事，施行公平和公義，不再勒索我的民。這是主耶和華說的。

以西結書第四十五章第九節

以下也是智慧人的箴言：審判時看人情面是不好的。對惡人說：「你是義人」的，這人是萬民必咒詛，列邦必憎惡。責備惡人的，必得喜悅，美好的福也必臨到他。

箴言第二十四章第二十三至二十五節

獲得的啟示

對本案判決，上帝曾啟示政府必須公平和公義為準則，司法要秉公行義，誠實無欺。智慧人的箴言說，審判不要看人情面，刑罰惡人為原則。阿們！上帝有公義的表示。

媒體誇大報導「虎豹坑倉庫」案

二〇〇三年八月三十一日

事件背景、經過

中國時報系連日來大幅報導，繪聲繪影地誣指我在大溪虎豹坑有寶藏庫。結果經其他媒體查證，該處不過只是我在公職任內，用來存放國內外所餽贈紀念品的倉庫而已。

臨到的經文

若有人擅敢不聽從那侍立在耶和華你神面前祭司，或不聽從審判官，那人就必治死。這樣，便將那惡從以色列中除掉。眾百姓都要聽見害怕，不再擅敢行事。

申命記第十七章第十二至十三節

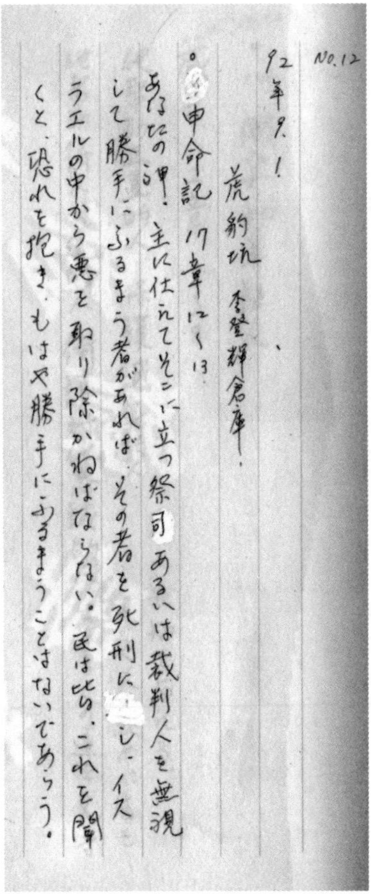
NO.12
92年9.1、
荒約坑　李登輝倉庫。
○申命記 17章12〜13
あなたの神、主に仕えてそこに立つ祭司あるいは裁判人を無視
して勝手にふるまう者があれば、その者を死刑に処し、イス
ラエルの中から悪を取り除かねばならない。民は皆、これを聞
くと、恐れを抱き、もはや勝手にふるまうことはないであろう。

曾文惠手札中抄寫的聖經申命記第十七章第十二、十三節經文。

獲得的啟示

祈禱上帝所獲得的經文，是舊約神治的體制裏，祭司與審判官同是神的代表，祭師的責任是教導律法，審判官則是律法的執行者。對現在的民主社會來說，神對媒體所作之報導，不再視為神的旨意。真實就是神的旨意，誣告就是違反神的行為。

爲「台灣正名運動」而走

二〇〇三年九月六日

事件背景、經過

「台灣正名運動」是在二〇〇二年五月十一日正式啟動的，因此，又稱「五一一台灣正名運動」，我一開始就擔任總召集人。二〇〇三年九月六日，聯盟發起一次大遊行，為二〇〇四年總統大選，持續捍衛本土政權而走。我並擔任這次大遊行的總召集人，並與超過十五萬的民眾，於總統府前大會師。當時，也喊出「會師總統府，前進聯合國」的口號。我在發表演講中再度強調，中華民國只是國號、不是國家，我當了十二年的總統，最了解台灣困境就是來自中華民國這個名字，過去的歷史「被欺負就被欺負了」，我們無法改變，但未來國家的名字必須由這塊土地人民自己選擇。

臨到的經文

你們是世上的光。城造在山上，是不能隱藏的。人點燈，不放在斗底下，是放在燈台上，就照亮一家的人。

馬太福音第五章第十四至十五節

獲得的啟示

「正名運動」是追求台灣民主化、國家要正常化的運動之一。為推行此政治改革，執行者必須了解神的旨意，才能得到人民的了解與支持。為此事，禱告上帝，所賜的經文就是要信徒應像塩，在世間發出調味與防腐的作用；也應像光，照明四周的黑暗將人帶向神。光不能隱藏的，應公開放亮。「正名運動」的推動者，必有特徵與影響。阿們！

爲「興票案」以證人身份出庭作證

二〇〇三年十月二十二日

事件背景、經過

二〇〇四年總統大選前爆發了「興票案」，台北地檢署為釐清「興票案」的相關疑點，上午傳喚我以證人身份出庭。為尊重司法，所以決定應檢方傳喚出庭應訊。我於二〇〇三年十月二十二日，上午提前到達北檢，以證人身份出庭說明「興票案」等案情。並且循著安全通道上到第一偵查庭，並非如外傳到檢察長室接受訊問，經過三小時偵訊後離去。這也創下台灣司法史上，首位卸任國家元首以證人身份走入法庭，接受司法官訊問的紀錄。

臨到的經文

夜間主在異象中對保羅說，不要怕，只管講，不要閉口。有我與你同在，必沒有人下手害你。因為在這城裡我有許多的百姓。

使徒行傳第十八章第九至十節

你們所遇到的試探，無非是人所能受的，神是信實的，必不叫你們受試探過於所能受的。在受試探的時候，總要給你們開一條出路，叫你們能忍受得住。

哥林多前書第十章第十三節

獲得的啟示

對本案件作證人，上帝啟示，祂有應許，例如：祂要保羅在哥林多只管講，不要閉口，不要怕，將帶許多人歸主。面對試探，信徒毋須氣餒或自暴自棄，因為神會安排出路，使人忍受得住。感謝主的指示。

身體連續二天出現異狀

二〇〇四年二月二十四日至二十五日

事件背景、經過

二月二十四日夜，一如往常在家中走動時，突然身體失去了控制，整個人像斷線的木偶似地倒在走廊，原本想說是偶發性的意外，並不怎麼放在心上。沒想到翌日，同樣的狀況再次發生了，令我對於人生與時間的流逝倍感苦澀與虛渺，但一轉念，世間、身後的一切盡在主的計畫之中，只要對自己的所作所為無愧於心，實不用擔心主為我們所作的任何安排。當下，不安與驚惶皆隨風而逝。年底，赴醫院接受健康檢查，結果身體狀況一切良好，顯見主對我自有祂的打算。

臨到的經文

先前所有的，早已起了名，並知道何為人，他也不能與那比自己大的相爭。加增虛浮的事既多，這與人有什麼益處呢？誰能告訴他身後在日光之下有什麼事呢？

傳道書第六章第十至十二節

凡遵守命令的，必不經歷禍患，智慧人的心，能辨明時候的定理（原文作審判，下節亦同）。各樣事務成就，都有時候和定理，因為人的苦難重壓在他身上。他不知道將來的事，因為將來如何，誰能告訴他呢？

傳道書第八章第五至七節

在上有權柄的，人人當順服他，因為沒有權柄不是出於神的。凡掌權的都是神所命。所以，抗拒掌權的就是抗拒神的命；抗拒的必自取刑罰。作官的原不是叫行善的懼怕，乃是叫作惡的懼怕。你願意不懼怕掌權的嗎？你只要行善，就可得他的稱讚。

羅馬書第十三章第一至三節

獲得的啟示

身體發生異狀，緊急禱告，求主指示，得到共有三處經文。上帝說人生是虛空的，昌盛之所以不能帶給人快樂是由於神的旨意，人乃是神所創造的。一切服從神的旨意。

曾文惠女士的信仰之路

從前有一個人，走完人生的道路之後在天堂見到了上帝。上帝帶著他回顧他在世上的足跡，看見大部份的道路上都有兩雙腳印：那個人的腳印，以及上帝的腳印在他的旁邊。可是，每當那個人走在最艱難、最痛苦的道路上的時候，卻只有一雙腳印而已。

那個人於是向上帝發怨言：「我人生當中最艱難的時刻，祢怎麼沒有陪在我身邊呢？」

上帝回答：「在你人生最艱難的時刻，是我親自把你抱在懷中往前走。」

的確，人的生命完全是上帝在照顧。許多人在際遇好的時候就感到得意，在遭逢困難的時候就一直怨嘆。其實，不需要這樣，因為無論何時何地，我們所行的路徑，我們所經歷的際遇，都有上帝的恩典與我們同在一起。

前陣子還發生一件事，使我的信心更加堅定。我先生在二〇一一年因為大腸

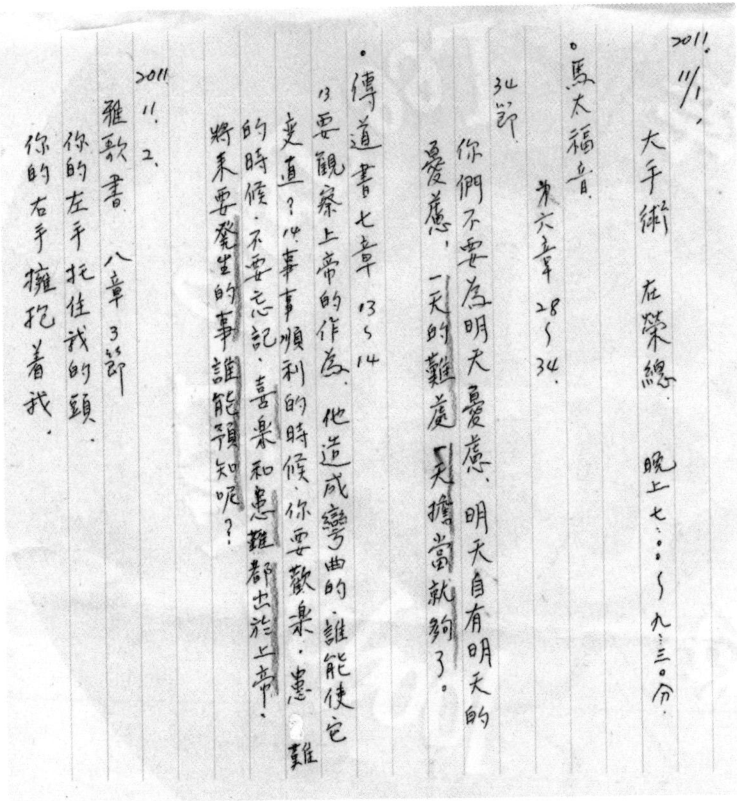
2011. 11/1、大手術 在榮總. 晚上七：○○～九：三○分.
○馬太福音. 第六章 28～34.
34節 你們不要為明天憂慮，明天自有明天的憂慮，一天的難處一天擔當就夠了。
●傳道書七章 13～14
13要觀察上帝的作為，他造成彎曲的，誰能使它變直？14事事順利的時候，你要歡樂，患難的時候，不要忘記，喜樂和患難都出於上帝，將來要發生的事誰能預知呢？
2011 11. 2、
雅歌書 八章 3節
你的左手托住我的頭，
你的右手擁抱着我。

二〇一一年十一月一日晚間，李登輝在榮總動手術，當天曾文惠讀到了一段非常著名的經文，出自聖經馬太福音第六章。經文中勉勵基督徒「不要為明天憂慮，明天自有明天的憂慮，一天的難處一天擔當就夠了」。

癌開刀，開完刀之後醫生囑咐他要小心照料，因為他還有心臟、血壓方面的慢性疾病，所以生活起居要小心，尤其不可以爬高。

不久前，家裡客廳有個燈泡一直閃爍，經常一明一暗，雖然已經管家調整，但那個燈泡不知怎麼回事，還是常常明暗不定。有一天客人馬上就要來訪，客人來之前我先生都會提早到樓下客廳準備，一去客廳就覺得燈泡這樣不妥，於是爬到客廳桌上，想要調整那個燈泡。不料，他一腳才剛踩在桌面上，另一腳剛抬高準備也站上去，整個人就摔下來，發出「砰」很大的一聲。這一跤跌下來，撞到了腳。感謝上帝，若不是上帝在保守，這一跤或許不只是摔到左小腿，可能是很嚴重的。

發動「百萬人民手護台灣」活動

二〇〇四年二月二十八日

事件背景、經過

為了表達台灣人民自決，以及堅持維護本土政權的決心，由我擔任總召集人的「台灣正名運動」聯盟，在這年「二二八紀念日」當天下午二點二十八分，發動一場共計有超過二百三十萬人參與「百萬人民手護台灣」活動，與會者用自己的雙手，連結起台灣西岸約五百公里的長度，北起基隆和平島，南到屏東佳冬鄉昌隆村。藉此向大中國勢力傳達台灣人民「要和平、反飛彈」，「要民主、反併吞」的意念。同時，也藉「手護台灣」的牽手行動，向中國霸權的蠻橫說：「不！」我深深感受到，這是有生以來，也是台灣歷史令人最感動的時刻。

臨到的經文

祢曾看見我們列祖在埃及所受的困苦，垂聽他們在紅海邊的哀求。

尼希米記第九章第九節

神是我的盾牌。祂拯救心裡正直的人。

詩篇第七篇第十節

因為惡人以心願自誇。貪財的背棄耶和華，並且輕慢祂。惡人面帶驕傲，說：耶和華必不追究。他一切所想的，都以為沒有神。

詩篇第十篇第三至四節

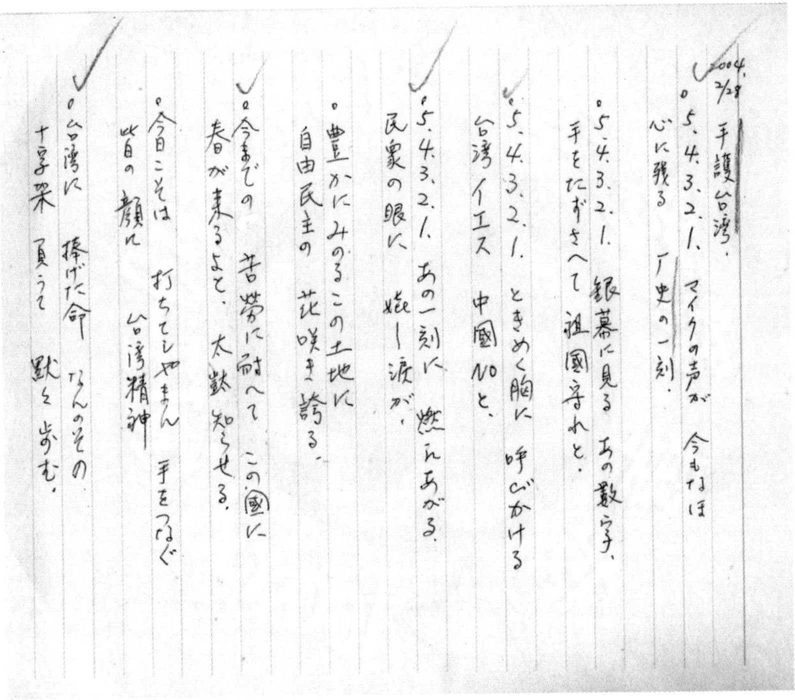

2004. 2/28
手護台湾．
○5、4、3、2、1、マイクの声が 今もなほ
心に残る 歴史の一刻．
○5、4、3、2、1． 銀幕に見る あの数字、
手をたずさへて 祖國守れと．
○5、4、3、2、1． ときめく胸に 呼びかける
台湾イエス 中國NOと、
○5、4、3、2、1、あの一刻に 燃えあがる．
民衆の眼に 熱し涙が、
○豊かにみのるこの土地に
自由民主の 花咲き誇る、
○今までの 苦労に耐へて この國に
春が来るよと、太鼓知らせる．
○今日こそは 打ちてしやまん 手をつなぐ
皆の顔に 台湾精神
○台湾に 捧げた命 なんのその
十字架 負うて 黙々歩む．

曾文惠以日文短歌的形式，記載自己參加二〇〇四年二月二十八日「百萬人民手護台灣」活動的感想。

獲得的啟示

「二二八手護台灣」行動是台灣歷史上一項重要的大事，禱告求上帝幫助，能順利完成。上帝啟示這是像以色列民族的歷史綱要，神救百姓離開埃及，經過紅海，又賜下律法與日用飲食。神是公義的，祂知道哪一個才是真正的義人。邪惡的人隨心所欲而自誇，貪婪的人以輕慢耶和華而自慶，惡人心高氣傲，認為耶和華不會追究邪惡。有神的存在與保護下，台灣人民「要和平、反飛彈」，「要民主、反併吞」的意念，定會成功。感謝主！

信仰的故事

堅固的城牆

從前在希臘的城邦，有個國王前去鄰國參觀，很驚奇地看見鄰國沒有城牆。

鄰國的國王解釋，他深愛著這些在城裡居住、往來營生的人民，而人民們也深愛著他，所以，一旦這個城邦遭遇到危急的情況，所有的人民都會成為這個城邦的堅固城牆，一起出面守護這塊地。

「二二八手護台灣」的那一天我站在苗栗銅鑼，同樣在這個時刻，從最北邊的基隆沿途到最南邊的屏東，到處都有人站出來。這一天，我看見台灣人民大家手牽手、心連心，共同參與守護台灣的行動，以堅定的意志展現守護台灣的決心，我心裡的感動，實在超過了一九九六年就任台灣首任民選總統的時候。

當下，我衷心祈望，台灣所有的政黨與人民都能夠團結一致，發揮守護台灣的精神，保護台灣這塊土地，成為台灣最堅固的城牆。

陳水扁總統台南遭槍傷

二〇〇四年三月十九日

事件背景、經過

二〇〇四年總統大選前一天（三月十九日），爭取總統連任的民主進步黨籍總統陳水扁、副總統呂秀蓮，於下午正在台南市掃街拜票，疑似遭到土製手槍槍擊，其中一顆子彈穿過汽車擋風玻璃後，擊中呂秀蓮膝蓋，另一顆則擦過陳水扁腹部，二人隨後被送往台南奇美醫院治療，所幸無大礙。事件發生後，藍綠陣營都宣布取消一切競選活動，並同聲譴責暴力。但中選會宣布隔日將如期舉行投票，原因是陳水扁僅受輕傷，不符合正副總統選罷法所規定，必須為候選人死亡或重傷才能延後投票的規定；而連戰陣營當時也未提出延期投票的要求。第十一任總統大選與兩項公投如期舉行，並未因此而延後。選舉最後結果，由陳水扁、呂秀蓮以不到三萬票的微小差距驚險獲勝當選。

臨到的經文

在那日，你們要說，當稱謝耶和華，求告祂的名，將祂所行的傳揚在萬民中，提說祂的名已被尊崇。你們要向耶和華唱歌，因祂所行的甚是美好。但願這事普傳天下。

以賽亞書第十二章第四至五節

獲得的啟示

上帝對此事件啟示無大礙，神救恩福氣的豐盛清新。

事情發生的那天下午，我正在台北市參加遊行，隊伍由萬華火車站附近出發，往大稻埕前進時就有人來告訴我，陳水扁總統遭受槍擊一事，除了新聞上的簡略報導之外，其他的細節都還不清楚。我當時就禱告上帝，求主保守陳水扁總統的身體。此事件說明了上帝救恩福氣的豐盛清新，陳水扁總統無大礙，完全是神的保護。

陳水扁連任總統　國親陣營發起抗爭

二〇〇四年三月二十日至四月十日

事件背景、經過

二〇〇四年總統選舉結果，陳水扁、呂秀蓮以不到三萬票的微小差距獲得當選，而這項選舉結果引起泛藍支持者的強烈抗議。在開票結果公布後，連戰表示要求立即查封所有票箱以備驗票，並稱這次選舉是一場「不公平的選舉」。由於抗議者認為前一天槍擊案，影響了選舉的公平性，國親陣營更提出「選舉無效」之訴，並於三月二十一日清晨，帶領群眾來到總統府前的凱達格蘭大道表達不滿。府前的抗爭一直持續到三月二十八日，隨後並轉移到中正紀念堂。最後一次街頭遊行於四月十日結束後，國親陣營決定轉而靜待選舉訴訟的結果。

臨到的經文

惟你以色列我的僕人，雅各我所揀選的，我朋友亞伯拉罕的後裔，你是我從地極所領（原文作抓）來的，從地角所召來的，且對你說，你是我的僕人，我揀選你並不是棄絕你。你不要害怕，因為我與你同在。不要驚惶，因為我是你的神。我必堅固你，我必幫助你，我必用我公義的右手扶持你。凡向你發怒的，必都抱愧蒙羞。與你相爭的，必如無有，並要滅亡。

以賽亞書第四十一章第八至十一節

論到錫安，必說：「這一個那一個都生在其中。」當耶和華紀錄萬民的時候，祂要點出這一個生在那裡（細拉）。

詩篇第八十七篇第五至六節

祂數點星宿的數目，一一稱它的名。我們的主為大，最有能力。祂的智慧無法測度。耶和華扶持謙卑人，將惡人傾覆於地。

詩篇第一四七篇第四至六節

獲得的啟示

本案在政治上非常複雜，不明的事件，國親陣營發動遊行、訴訟等行為，引起社會不安。祈禱求上帝賜示，得到如上三處經文。綜合三篇經文的意思：（一）必蒙神信實相對，不必為此害怕；（二）神甚關心台灣所有的人，大家必應堅立社會安寧；（三）最重要的是，神非常憐憫醫治心靈破碎的台灣人。登輝感謝上帝對台灣照顧。我並沒有擔心這件事情會繼續造成台灣的不安，因為此事在上帝的手中，祂瞭解一切事，祂必有最好的安排。

為「國安機密預算」以證人身份出庭

二〇〇四年四月四日

事件背景、經過

二〇〇四年四月四日，台北地院開庭審理國安密帳案，檢方指控國安局前少將會計長徐炳強侵占七百五十萬美金（約二億二千萬元新台幣）。檢方起訴劉冠軍、徐炳強後，仍續追查劉泰英與潤泰集團總裁尹衍樑涉洗錢與貪污部份。部份的證據及證人供述，指稱我知情。我於庭上表示，對這筆款項不清楚，也沒有任何指示。

臨到的經文

因為耶和華賜人智慧，知識和聰明都由祂口說出。祂給正直人存留真智慧，給行為純正的人作盾牌。為要保守公平人的路，護庇虔敬人的道。

箴言第二章第六至八節

獲得的啟示

禱告上帝救護登輝。對本案我並不知情，受不正當的指摘。上帝說，正直的人存有智慧，祂會給我作盾牌。阿們！感謝主。

破除「棄保」謠言　爲台聯立委候選人二度站台

二〇〇四年十二月二日

事件背景、經過

第六屆立法委員選舉，台灣團結聯盟原先規定每一位候選人只能請我站台一次。隨著台灣團結聯盟選情的緊繃，且為了破除毫無根據的「棄保」謠言歪風，我於十二月二日當天，以行動二度為台聯立委黃適卓站台，並與群眾們互動、暢述政治理念，積極地為心目中理想的候選人盡一份心力。

臨到的經文

當將你的事交託耶和華，並依靠祂，祂就必成全。祂要使你的公義，如光發出；使你的公平，明如正午。

詩篇第三十七篇第五至六節

獲得的啟示

當倚靠耶和華，竭力行善，就必安居樂土，享受康寧。不必受謠言所惑，照耶和華所示去進行，一切會順利。放謠言者，一定受懲罰，因為神的道是正直的，義人必在其中行走。信仰是人的一切，實踐是生命唯一的路。

美國總統選舉

二〇〇四年十一月三日

事件背景、經過

二〇〇四年美國總統選舉於該年的十一月二日舉行。俄亥俄州因為選情的空前緊繃，該州的「臨時票」亦是本次選舉頗具爭議的問題。最終由現任的共和黨籍布希總統，贏得五十個州中的三十一個州，同時也贏得了普選，獲得總共二八六張選舉人票，順利當選連任，也成為十六年來第一個獲得過半數民眾支持而當選的總統。

臨到的經文

看哪！我的僕人，我所扶持，所揀選，心裡所喜悅的。我已將我的靈賜給他，他必將公理傳給外邦。

以賽亞書第四十二章第一節

獲得的啟示

美國是台灣的友邦，誰當選總統對台灣非常重要。禱告上帝，誰是祂的僕人。希望這僕人安靜、柔和、謙卑地作工。恭喜布希成功連任。

—

內人患嚴重頭昏

二〇〇五年一月十二日

事件背景、經過

二〇〇五年，內人曾文惠患了嚴重的頭昏無法安靜。閱看日本文藝春秋雜誌刊登七戶醫師所著「頭昏會癒」的書本廣告。有機會到日本名古屋訪問，藉機會買一本「頭昏會癒」，書中提到醫好的三千多個例子及所使用的藥品（抗病毒ZOVIRAX）。回台後，受榮總醫師診斷，決定使用該藥。經過幾個月服藥後頭昏痊癒。為感謝該書作者七戶醫師（北海道札幌市開業醫），寫文章「頭昏全癒」一文，刊登在文藝春秋二〇〇五年五月號，表示心意。

臨到的經文

主耶和華以色列的聖者曾如此說：「你們得救在乎歸回安息，你們得力在乎平靜安穩；你們竟自不肯。」

以賽亞書第三十章第十五節

獲得的啟示

內人曾文惠頭昏嚴重，用新藥中，頭昏繼續發生，失去信心。祈禱上帝，啟示說，必肯仰賴神的拯救，不必自尋路徑，招致困難。發現文藝春秋廣告，買到了良藥醫好頭昏，完全靠上帝的旨意。感謝上帝的引導。

要決定使用ZOVIRAX藥物之前，引起了榮總許多醫生之間不斷爭辯。以前這種藥物主要是用來治療病毒感染的，例如一般人說的「飛蛇（皮蛇）」這種泡疹。醫生主要的疑慮是，這種藥物用在治療頭昏上，若引發了副作用，後果未知。

對我來說，這一次是非常嚴重的頭昏，連起身到洗手間都困難萬分。而此時，每個醫生都有各自的意見，我該聽誰的，應採納誰的見解？我向上帝禱告，請祢賜給我一節經文吧，讓我的心能夠安靜下來。結果翻開聖經，看到以賽亞書所說的：「你們得救在乎歸回安息，你們得力在乎平靜安穩。」我整個心就平靜下來了，心情變得很好，彷彿四周的雜音全都消失了。我決定就讓自己當實驗品吧！直接使用ZOVIRAX藥物。我相信上帝的話，這節經文也讓我產生更大的信心，相信吃這個藥一定會好。

めまいが治った！

曾文惠（李登輝台湾前総統夫人）

「地位　名誉　黄金も玉も　何せんや　健康に勝る　幸福はなし」

昭和十七年のこと。台北第三高等女学校の卒業式で小野正雄校長先生が私たちにたむけてくださった言葉です。そのときは「何おっしゃってるのかしら」と思ったものですが、台湾の数えで八十歳になる今、改めてそのお言葉を思い出しては、健康の幸福を感じています。

台三高女へは毎日、行きも帰りも一時間近く歩いて通っていましたし、そのころから健康には少し自信もありました。ところが去年の初め頃から、かがんだときに立ちくらみするようになりました。最初は少し休んでいればおさまりましたが、暮れの十二月十日に外出した帰り、急に目の回りがグルグルして歩けないほどの「めまい」がして、とても驚いたのです。

十六日には大きな病院に入院して、耳鼻科や眼科やＭＲＩ（核磁気共鳴診断装置）での検査もしましたが、どれも異常なし。狐につままれたような気分でした。主人たちとの久しぶりの日本への旅行を控えていたころです。いつまた、あの「めまい」が起きるのではないか、そう思うだけで不安な気持ちもわき起こってきました。二十日に退院して、たまたま「文藝春秋」一月号のページをめくっていたとき、しちのへ内科医院の七戸満雄院長先生のお書きになった『めまいは治せる！』（文藝春秋刊）という本の存在を知ったことが、いまになってみると不思議なほど幸運なことでした。

二十七日に名古屋に到着してすぐ、書店でその本を求めました。ところが読み進む間もなく大晦日の三十一日、琵琶湖畔の宿であの「めまい」が急に襲ってきたのです。抗めまい剤を飲んで、少し気分がよくなったのですが、翌元旦の夜、京都の「吉兆」でのお食事を前に、また「めまい」。本当に後ろ髪を引かれる思いで、ホテルに戻って休みました。二日の朝は楽しみにしていた清水寺と司馬遼太郎先生のお墓参りにもいけず、とても残念でした。

台湾に戻って本をゆっくり読みました。主人が私の「めまい」のことで、「台湾の医者は信じないと言うが、七戸先生の書かれたように、ヘルペスウイルスが原因と考えて間違いないだろう」というのです。私はそれでも半信半疑でした。台湾でこの治療例はなかったからです。

七戸先生の本では二千五百人を超える患者さんの臨床例から八四％に効果があったとはいうものの、かかりつけの病院の医師の見方は厳しく、抗ウイルス剤は五日以上服用すると副作用の恐れがあるといわれました。でも主人は医師たちと何度も話し、「あらゆる検査で異常なしと判断された以上、七戸先生の指摘する状況以外は考えられない」と押しきりました。

台湾では初めての治療法でした。一月二十二日から、抗ウイルス剤「Ｚｏｖｉｒａｘ（ゾビラックス）」を一日五回、記録をつけながら服用しました。正直なところ、実験台にされたら、私、心配よ、と主人にも言いましたが、悩んだとき、いつもするように聖書を開きました。たまたま開いたページはイザヤ書三十章十五節。「静かにしているなら救われる。安らかに信頼していることにこそ力がある」。私はそれを読んで心がやすらぎ、薬をもつかむ思いで、お薬を信じることにしました。二月五日。二週間ほどで自分でもびっくりするくらい、「めまい」の不安が去りました。身の回りのことがちゃんとできるようになり、自由に動けるようになったのです。

台湾でも「めまい」に悩んでいるたくさんの方がいるはずです。主人はウイルスと「めまい」について、「病理学的研究による裏づけが必要だ」といい、かかりつけの栄民総合病院の副院長先生をリーダーとするプロジェクトチームを作ってしまいました。六月二十六日に行われる台湾医学会の大会には七戸先生をお招きして、ご講演もしていただくことにしました。台北で七戸先生と奥様にお目にかかってお話を聞くことを、主人も私も今から楽しみにしています。

これまで主人に感謝らしいことは言ったことはありませんでしたが、「めまい」は本当に主人が直してくれたのだと思い、初めて心から主人に、「ありがとう李登輝」といいました。苦しくて苦しくてしかたなかったとき、夜中にお手洗いに立ちたくても動けない私を、救ってくれたのは、私が「特別看護婦さん」と呼んだ主人だったことは間違いありませんから。

2005.5月
文藝春秋

二〇〇五年五月號的日本文藝春秋，刊登了曾文惠撰寫的文章，記載她頭昏得到醫治的過程。文中提到她讀了聖經以賽亞書「得救在乎歸回安息，得力在乎平靜安穩」的經文後，決定坦然接受醫治。

結語

現時的我，已經超過九十歲，接近大限，在台灣的社會裡，很希望留下一些對人民有益的東西。因為曾經做了十二年的總統，雖然是微力，留下的台灣經驗包括政治的「寧靜革命」，自由與民主，對外有務實外交宣揚台灣的存在。這些工作有所成就，都是靠上帝的引導，不斷的啟示，這完全靠信仰而得。我所做的一切都是「為主作見證」。雖然是一個小小的基督徒，上帝給我很大的信心，都不怕任何困難，任何重大事件的執行，如脫古改新，給台灣走出另一條的政治改革。這完全由我接受上帝開始。

在第一章序言所說，我家並不是基督家庭，但給我自由，豐裕的生活中，有機會追求自我的滿足開始，經過了唯心、唯物的思想，辯證的矛盾統一，遂找到了神的存在。在充份克服自我和對死亡的困惑找到答案。在精神上，有進一步超越的機會，以「我是不是我的我」看法為中心。在二十一世紀的現代化社會，個人雖然是整個體系中的一份子，但是，每一個人「要如何才能到達活得很有意義的精神境界」，「如何追求個人的解放」等等，我們都必須去摸索。

但是，當我們在摸索的時候，政府、國家能幫上什麼忙嗎？其實，這些幾乎都幫不上什麼忙。教育改革和社會活動或許在某種程度上能和心靈，也就是人心或精神教育產生關聯。但實際上，政治也好，法律也好，國家也好，都無法拯救個人。這不論在哪個國家都是一樣的。國家無法對個人做這樣的事，所以我認為，在這樣的時候我們就需要藉助宗教。

我要再次的強調，對一個領導者而言，具有堅定的信仰是非常重要的，有信仰才有力量！對於本書所提及的相關人、事、物，我個人沒有任何詆毀、醜化之意，完全是想藉由這些經歷，來還原當時面臨這些事件時，藉由信仰所獲得神的啟示與帶領，引領我作出為國家、社會及人民有貢獻的作為。

附錄一

李登輝・邱永漢對談

編按：李登輝和邱永漢同是戰前就讀台北高等學校的少數台籍菁英。畢業後，李登輝前往京都帝大農學部農林經濟學科攻讀；邱永漢則進入東京帝大經濟學部商業學科就讀。

歷經二二八事件，李登輝充份感受到「生為台灣人的悲哀」，於是決定留在台灣，由學者而步上從政之途；邱永漢則逃亡至香港、東京，成為作家。

日前，兩人在李登輝的鴻禧山莊展開對談，內容觸及李登輝執政十二年期間的種種秘辛與歷程及對新政府的期許等。本文日文版原刊載於二〇〇〇年十月號的《中央公論》月刊，中文版則刊登於同年九月十七日第一九七期《今週刊》。

由於這是李登輝先生卸任總統之後，第一次以平民身份在國內外媒體公開發表的第一手對談言論全文，內容極為精采、珍貴，因此，我們特別在本書付印之前，徵得當事人同意，附錄此文，以饗讀者。

台灣帶動亞洲貿易的熱絡發展

邱：您卸下總統職務已三個多月了。這十二年來，您真是辛苦了！聽說今年六月您和夫人走了一趟英國，感覺如何呢？

李：這趟旅行非常有趣。其實早在年初，國際熊彼得學會就已邀請我赴英參加會議。因此，我也在二月左右完成了相關論文。

從農業經濟學者的角度來看，我覺得熊彼得的理論對台灣而言，實在頗具有意義。因為台灣的經濟很少看到如凱因斯學派所說的不景氣局面，反倒是供給面的生產力不斷地提高。這種生產面帶來的變化，正是熊彼得所說的Innovation（創新）。台灣首先積極促進農業發展，將其剩餘資源提供給工業。接著，在工業的領域中，再由勞動密集產業轉型為資本密集產業。此一轉型的進行，約是在我就任總統的前後期間。

此時，面臨的最大問題是因勞動力減少，導致工資提高；對日貿易入超的難以改善，以及美國要求平衡對美出超的壓力，因此當務之急就是必須立刻進行結構改革。然一旦著手進行之後，卻意外地進展得十分順利。從壓縮機到真空管等過去須仰賴日本進口的商品，幾乎都可以在台灣自行製造了。

邱：從那時起，日本開始將各種商品委託給台灣製造。

李：除了技術上的變化之外，經濟上的網絡也產生了變化。首先因為電腦相關產業的發展，與美國矽谷的關係變得非常密切，台灣的技術人員在矽谷相當活躍。第二，因為台灣對亞洲整體的投資總額近六百億美元，所以也帶動了貿易熱絡發展，這對台灣的幫助很大！

另一個原因是擁有重要的網絡據點（Network）。我在十年前推動成立台灣商會組織，不論是在大陸、日本、東南亞或歐洲、澳洲、北美、中美、南美等都設有據點，已經發展成一個世界性的組織。透過這種組織，讓台灣的經濟活動擴展得更廣、更大。

邱：依我來看，台灣人原本是中國人，這是無庸置疑的，但是只能說是一種「移民」而已。台灣人是移民的後裔，是一群很能接受移動的人們。所以即使台灣不再是他們的適居之所，可去之處還是很多，不管是到阿根廷、到南非等世界任何角落，都有台灣人。

阻礙重重的英國行

李：台灣商會組織是以台灣為根據地，透過電腦網際網路交換經濟訊息。

其次，我也要求台灣商人生意所到之處設立銀行。更重要的是要為他們的子女設立學校。我非常重視這三點。

我將透過熊彼得的理論來說明台灣的發展經驗。這也是我在二月左右寫的論文內容，原本是打算在國際熊彼得學會發表的。

邱：這麼說來，英國之行是早就預定好的行程嘍！

李：是的。但是正式對外發表是在六月二十七日，也就是出發當天。但英國政府高層一開始就知道我將要訪英一事。

不管我走到哪裡，中共都會加以阻撓，這次也是如此。我到達英國之後，他們還是大肆抗議，也對曼徹斯特大學施加壓力。

邱：結果，也因此取消了演講。

李：我派代表宣讀了我的論文。中共送了很多留學生到曼徹斯特大學就讀，也是因為如此，中共的總領事便對大學施加壓力。現在英國的大學，不管是哪一所都經營得很辛苦，所以非常歡迎留學生來增加收入。聽說中共不但動員了大陸僑民，還動員了學生，策劃示威遊行，最後在英國政府的嚴密監控下，才未滋事。

邱：我並不認為台灣和大陸的關係惡化是件好事，我想李先生一定也不這麼認為。然而就結果來看，事態卻是走向相反的方向。

我之所以會在大陸開展事業，最主要的理由就是基於未來台灣和大陸關係的考量。因為我想大陸的所得水準如果能提升，兩者之間對事物的想法也就能拉近，彼此之間也會較容易溝通。

如果兩方的所得水準差異過大，便很難取得共識。雖然聽來似乎是陳義頗高的想法，但腦海中一旦有了希望中國經濟發達的念頭，我便前進了大陸。

李先生的發言可說是代表了絕對多數台灣人的民意。即使如此，中國大陸所採行的卻是要將之導向相反方向的作法。中共雖然是一個大國，但是心胸卻很狹小。這是我的感覺。

李：四百年來，台灣人一直無法自己統治自己，一直都被外來者統治。這就是我所謂的「外來政權」。基本上，必須從這種「外來政權」中解放出來，每一個台灣人才能自主自立。如果沒有這種自由，是絕對不可能達到今天經濟發展的成就。

例如，以往加油站是中國石油公司獨占經營，人們經常大排長龍，服務也不好，卻沒有人敢抱怨。現在改成民營，任何人都能經營加油站，服務品質提升，作業效率也提高了。另外，最近非常蓬勃發展的資訊產業，也受惠於創投公司的資金投資。如果沒有自由化，是不可能有這類的創投公司存在。所以台灣的自由化，實在具有非常多元化的意義。

南懷瑾意圖從兩岸獲取利益

邱：從中國的歷史來看，在最近事件之中，我認為最令人驚訝的莫過於台灣在不流血的情況下，和平轉移了政權。

李：大陸的年輕人一定覺得很訝異吧？我想甚至還會有「台灣人做得到，大陸的中國人不能做不到」、「台灣的政權能夠自由和平地轉移，為什麼大陸不行呢？」我想舊有的非民主化政治型態，已經行不通了吧。邱先生您過去也是受害者啊！

邱：依我看來，中國大陸所掌握的台灣情報非常偏頗，甚至讓我覺得那些情報可能都是錯誤的。

李：關於這一點，最近發生了所謂的「密使」問題。

邱：有關密使的問題，台灣的中國時報也曾出現相關報導。根據該報所言，在一九九〇年至九一年，中國和台灣的「密使」曾在香港秘密接觸，進行關係改善的協議。在九四年，您和江澤民國家主席間也成立了「秘密的管道」，一直到您卸任之前，彼此之間都還有聯絡。

李：所謂的密使，與其說是代表政府，實際上毋寧說是我個人的代理。因為南懷瑾曾經是我兒子和媳婦的老師，所以一度想和他共商大陸事宜。於是派人前往香港，試圖透過他了解大陸的狀況。

但是後來我發現他有從大陸和台灣獲取利益的意圖，便拒絕了他。當時與大陸的聯繫方式已形成，所以也建立了正式的管道。後來也展開第一次的辜汪會談，基於中國人較多的理由，擇定了新加坡，而第二次會談，南懷瑾聲稱是他安排的，但實際上與他全然無關。

兩岸就透過這樣的溝通管道，了解彼此的各種情況，起初進行得非常順利。有人說由於我前往母校美國康乃爾大學一事（九五年六月），讓兩岸關係急劇惡化。這種說法是不對的，因大陸當局事先已知道此事，之所以會有如此強烈的反應，基本上是大陸保守勢力抬頭之故。

話題再回到密使事件，透過此次的事件，我發現許多以往位居台灣統治階級的人將各種情報帶到大陸，也從大陸帶了許多情報回來，甚至還將這些情報賣給報社。但是，這些情報都不是很正確。

統派人士「北京朝聖」誤導輿論

有關大陸的情勢，我們，至少我個人到現在都還確實地接收著各種情報。這些情報與報章雜誌上所寫的，或統派人士從大陸帶回來的情報完全不同。

此次的密使事件，也是如此。他們的情報完全不對，我雖然保持沈默，但是我們確實掌握著有關大陸的詳細情報。

關於這一點，我也想談一下對台灣報紙的看法。我覺得他們在報導上偏大陸，無法代表占八成的台灣人的想法。只是一味強勢地發表外省人的想法。對這次選舉的報導，也是偏向這一派人士的意見。

邱：外省人在台灣已失去了勢力，他們對此很不滿，最大的眼中釘就是李先生您！

李：以日本來說，從幕府時代末期到明治維新，一直是統治階級的武士，也漸漸順應時代，作出必要的改變，但是台灣的外省人卻不是這樣。

邱：台灣人不曾主張「反攻大陸」，喊得最大聲的就是這些外省人。他們失勢之後，當務之急就是「北京朝聖」。最近脫離國民黨、加入新黨的這些人，都在「北京朝聖」。這些人在台灣有沒有百分之一的影響力都令人懷疑，竟然能大談「台灣如何如何」！

李：到目前為止，大陸當局接收到的情報，幾乎都是台灣的外省人所帶去的消息。因此現在大陸的領導階層，也都還不能真正掌握到台灣正確情報。

還有另外一個問題，就是進行這種「北京朝聖」的人，帶著「只有我們才知道的情報」的表情回到台灣，向報紙等媒體大賣內幕消息，所以才會發生此次的密使問題。

邱：台灣和中國大陸最大的不同點就是軍隊。在李先生的時代裡，軍隊由黨所有轉變成國家所有。

李：是的。就在不久之前，黨和國還是一體，所以有「黨國」的說法，軍隊就是「黨國」所有。因為有黨和國是不可分的想法，所以士兵們才會有「我會為了黨國努力奮鬥」的心態。

因此，才會有人認為國民黨敗選，國家就會滅亡。如果說黨國中有軍隊的話，那豈不是「國民黨軍」？這和以往共產主義的布爾什維克一模一樣。

邱：這是一種為了奪取政權的政治體制。

李：沒錯，是一種具革命性的政治制度。約在三年前，我將國民黨從革命政黨轉變為民眾政黨。但是因循的習慣難以改變，還是無法將黨國的意識完全根絕。在我就任總統之後。就主張軍隊應該歸屬於國家，於是我將黨與國切離開來了。

蔣宋美齡意圖阻止李登輝撤換郝柏村掌控之軍權

有趣的是，今年的三月十八日總統選舉日當天，軍隊舉行了宣誓儀式。開票後，無論是誰當選總統，軍隊都會根據憲法效忠新總統的宣誓。這在中國歷史上還是頭一遭呢！

邱：這是如何轉變的呢？軍隊中都有領導者，想必也費了一番苦心吧！

李：現在的軍隊八成以上都是本省人，幾乎是本省人的軍隊。但是當時卻由外省人的統率者帶領著軍隊。在我就任總統時，參謀總長已在這職位做了八年，行黨之名，將軍隊私有化。要如何對應這種情形，實在是一大問題。

邱：這個人在一九九〇就任行政院長吧。

李：回溯這一段歷史，其實是這樣的。在一九八九年，為了要讓他（指郝柏村）交出參謀總長的權力，我決定要任命他為國防部長。當時蔣宋美齡女士把我叫去，她說：「現在台灣海峽非常緊張，要撤換參謀總長，究竟是怎麼一回事？」因為她只會說上海話和英語，所以我便要求「請將交代的事情寫成字條」。

邱：後來有沒有寫成字條呢？

李：有，但不是她自己寫，而是叫孔祥熙的女兒寫，到現在這份文件我都還保管在保險箱裡。至今，我都還記得她說的「Please. Pleace. Listen to me. Please. Please.」當時我想她都這麼說了，我這個人事案就難以進行了。

邱：您請她寫成字條，但是最後還是派參謀總長為國防部長。

李：我拿到了這張紙條，但是並沒有依內容實行。因為我想貫徹軍隊是國家所有的理念。

堅持閣揆任命權，李郝激烈爭執

邱：必須將軍隊從黨或個人手中切離開來，因為只要不隸屬於國家，就無法實現民主政治。於是最後又將它從國防部長轉派行政院長（一九九〇年），完全與軍隊切離了。

李：那是他我想擔任行政院長。

邱：行政院長相當於日本的總理大臣吧！

李：問題就出在他成為行政院長之後，他還要求：「對於軍隊，我比較熟悉，雖然我現在是行政院長，還是請讓我召開軍事會議吧。」我的回答是：「那是違反憲法的作法，請勿如此。」但是他還是召開軍事會議，試圖繼續掌握軍隊的權力，而我則一旁靜觀其變。但是這種行為被立法委員披露了出來，變成了一大問題。也是因為如此，他的人望迅速下墜。

當時，正逢立法委員選舉（一九九二年）。當時的規定是如果沒有新選出的立法委員的同意，行政院長就無法就任。就程序上來說，總統必須重新任命行政院長，再經由立法院行使同意權。然而根據憲法的規定，行政院長辭職時必須要有我的簽名，即使是被迫下台，也要有我的簽名方能生效。這真是很奇怪的規定，諸如此類都必須一一修正才行。

總統具有任命權，而同意權在立法院。如果我不任命他的話，就表示他到此結束。至於我要任命誰？並沒有立即公布。到最後只剩下幾天的時間，他我跑來找我。於是我對他說：「人選不是你，我想任命年輕一點的人。」而最後我也任用了較年輕的人選。

邱：所以他就辭職了嗎？

李：表情相當難看。我還大聲斥喝：「總統具有任命權！」由於聲音太大了，連當時在樓上的妻子（曾文惠）都嚇了一跳，還以為發生什麼事呢！就是有這樣一番激烈的場面。

邱：也因此在後來的選舉中，他便靠向反對的一方了。

國民黨是一個充滿矛盾的政黨

邱：李先生從副總統到就任總統（一九八八年），當初想都沒想到台灣人會當上中華民國的總統吧！那時我想您可能要面臨很多艱難的挑戰。我還聽說很多人評論道：「可能會淪為傀儡政權吧！」但是您還是一步一腳印地前進，非常辛苦吧。

李：如果我剛剛所談到的，僅僅是要將軍隊完全歸屬於國家就很困難。這十二年來真是一場又一場連續不斷的奮鬥歷程。如果問李登輝時代究竟是什麼樣的時代？由我自己來說的話，我想可歸納成兩點。一個是讓兩岸關係的問題明確化，另外一個即是讓台灣內部民主化。這兩點都是很複雜的問題，實在是困難重重！

邱：記得以前我曾經對您說過：「希望您不是做國民黨的總統，而是做真正的台灣總統。」您當時也回答我：「我也是這麼認為。」但就結果來看，因為擔負著國民黨的沉重包袱，很可惜地，到最後還是無法脫離國民黨總統的立場。相反地，繼您之後的陳水扁，因力量太單薄了，不得不借用反對黨之力，結果反而成為台灣的總統。這真是很諷刺！

李：我也曾這麼說過：「充滿矛盾的國民黨！但是如果沒有這股力量，台灣便無法民主化。」例如，如果沒有國民大會出席者四分之三以上的贊成票，便無法修正憲法。這是沒有國民黨之力，便很難達成的任務。如果沒有借重國民黨的力量來推動改革，那麼什麼也做不了。

在三月二十四日，我辭去國民黨主席時，心中想著三件事。第一是我已經完成台灣的政治改革。所以在五月二十日前，即使我不再是國民黨主席，只要還是總統，就能在當天和平地轉移政權，對於國民黨，我已經沒有任何任務了。

第二是國民黨這個龐大的政治體，對我來說已不再是必要的了。第三是五月二十日的政權轉移一定要和平地進行。於是我覺得自己應該離開政治舞台，站在超然的立場來思考國家的問題。

以上三個理由並不是後來才附加的，在當時我真是這麼想著。這就是我卸下國民黨主席的心情。而留下來的問題，則是台灣與大陸的問題。

例如曾經也有人提議像南北韓首腦會議，舉行兩岸的高層會談。但完全不同的兩岸如何談「統一」問題，我覺得根本不可行。

親自拜託六百多位資深國代退職

再提到以前的往事，台灣和大陸之間，一直到蔣介石、蔣經國的時代，一直都是互相對峙，所以才會制訂了所謂「動員戡亂時期」的臨時條款，凍結一九四七年頒布的憲法。

所謂的臨時條款，是為了以武力和中國共產黨對決，在全國總動員之下，施行威權體制。因此如果不修正這種條款，就無法解決大陸問題以及國內民主化的兩大課題。

雖然我在一九八八年就任為第七任總統，而真正開始推展工作則是在就任第八任總統的一九九〇年之後。在副總統的時代，其實我已經著手準備了。首先我想到的是要召開國是會議。

當時也邀請在野黨人士參與這個會議，但是我卻被指責：「開體制外的會議，決定未來的國政，成何體統！」因此，在蔣經國總統時代，便先進行體制內的六大改革。但是，花了一年半左右，雖然也有許多洋洋灑灑的結論，最後卻一項也沒執行。看到這種情況，讓我深感依賴體制內運作是無法成就大事的。於是我再度廣邀在野黨人士、民間人士、學者，召開了體制外的國是會議。

到了九〇年，也就是國民大會改選的前一年了，心想再不導出結論是不行的了。所以這段時期所決議的事項，與往後的各種改革措施息息相關。

邱：可說是鋪路的工作，是籌備期間吧！

李：是的，是籌備期間。值得重視的是國是會議的進行方法，是在各地方基層舉行座談會，彙整意見向上反映。如此一來，基層的各種想法、意見最後都會反映至中央再由國是會議來決議。

接著，再一九九一年，要廢止「動員戡亂時期」臨時條款，必須由原本制定這個條款的「國民大會」來決定。但是，當時的國民大會是因一九四七年凍結憲法所產生的萬年國會。國大代表的任期雖是六年，但因為無法在大陸舉行改選，所以就在無改選的狀況下，延長任期，成為所謂的萬年國代。

我為了要讓廢止臨時條款的提案，能夠順利在國民大會中通過，親自向六百多名的資深國代拜託，結果當然是他們必得面臨退休的命運。這種請求，就好像是在拜託他們自掘墳墓一般。

邱：但是一方面，也支付了不少退休金吧！

李：退休金存放銀行，還特別以百分之十八的利息優遇。而且還對每一個人動之以情地請求、拜託、用盡了所有的方法，要求他們退職。

台灣沒有存在就沒有希望

邱：當時的國大代表之中，還有很多人年紀太大而走不動的呢！聽說要召開大會時，必得靠擔架之類的才能進場。

李：有些國大代表已經做了將近四十年，年紀當然很大，我就是請求這些人退休的。

邱：國民大會的改組是一大工程吧？

李：是啊，花了很長的時間。首先是廢除臨時條款、廢止萬年國會，接著選出新的國民大會代表和立法委員。我雖然是在蔣經國總統逝世之後，根據憲法規定由副總統接任總統，但任期屆滿後也必須在國民大會中由這六百多位國代推選為總統。他們有恩於我，我卻不得不勸退他們，真是很艱難的工作啊！

此外，在此之前的九〇年總統選舉，也是問題重重。當時已經有人提出不能提名李登輝作為國民黨的候選人了，於是爭端便由此蔓延開來。

邱：反對者並不是那麼多吧？

李：相當多。其中反對最烈的林洋港、蔣緯國，還有陳履安。同時，要提名誰為副總統搭檔競選，也引起很多爭議。

在一九八九年，我要訪問新加坡之際，也出現了反對者。他們強烈地認為總統沒有出國的必要。那時候台灣因為已經不是聯合國會員國了，時局非常艱難。

中國大陸不斷地在國際間活躍，國際社會幾乎已不見台灣的存在了。於是我認為如果沒有讓人家感覺到台灣的存在，就什麼事也做不了了。有存在，才會有希望。我們必須向海外各國宣傳台灣的存在，這就是我的基本主張。務實外交的意義是即使沒有正式的邦交，也還是派出代表，沒有政務可做，也還是可以進行經濟、文化等各種交流。

邱：大抵而言，所謂「特命全權大使」是梅特涅時期的古典外交作法，現在已無必要了吧！

李：在一九九〇年，我當選總統連任這一段期間，表面看起來似乎平靜無波，但是如剛才所提到的，在內部隱藏著許多令人頭痛的問題。

邱：我想在穩定下來之前，應該是很辛苦的一段路，而我也一直關心，注意著。

李：這十二年總算能依照計畫、依照自己的想法，逐一落實了。

台灣與大陸的關係無前例可循

邱：如果中國大陸有意改善與台灣的關係，應該和代表台灣絕對多數民意的上層人士對談才是。但是不知道為什麼，卻把您視為眼中釘，到現在甚至連您到國外都要加以干涉。

為什麼會變成這樣呢？您已經強調反對台灣獨立不下百次了，中國還是認為您是獨立派。所以香港的報紙才寫道：「講一百次還不夠，沒有每天講的話，中共是不會滿意的。」

李：我覺得台灣沒有宣布獨立的必要。因為中華民國雖然在內戰中吃了敗仗，但是還是存在於台灣。我認為只要這個中華民國的意涵改變即可，所以我一開始才會說「中華民國在台灣」，而最近則稱之為台灣中華民國。

一九九一年修正憲法時，在大陸事務方面成立了國家統一委員會，頒布「國家統一綱領」。當時考慮到如果將來中國大陸也民主化的話，兩岸就可以討論統一問題，所以制定了國家統一綱領。

但是我越是推進台灣的民主化，中國就越是強調：「李登輝不像話，是僅次於汪兆銘的第二大罪人。」我在一九九一年即公開聲明中共政府是有效統治大陸的國家，當然台灣也是一個國家。這麼一來，問題就產生了。美國是以自季辛吉以來的「一個中國」想法（一九七二年，當時的美國總統特別助理亨利季辛吉在上海的「聯合公報」中的聲明）在處理事務，也訂定非常曖昧的中國政策。慢慢地，「一個中國」就變成了專指中共。但是這種作法與現實完全不合。

去年，一九九九年的七月九日，在接受德國公共電台「德國之聲」的訪問中我回答「台灣和中國是國與國，至少也是特殊的國與國關係」，主要是駁斥中共主張「台灣是中國叛離的一省」的說法。對於這種說法，我們要強調的是，我們已經修正了憲法，台灣省已不存在了！在此所謂的「特殊」，在國際法上稱為「Genesis」，是「無前例」之意。兩岸關係與南北韓或東西德都不相同，所以我才說台灣和大陸的關係是特殊的國與國關係。

台灣絕對不是叛離的一省

現在，台灣是具有新憲法的第二共和。憲法第四條中明載：「領土依固有之疆界」。這種說法很曖昧，但是並沒有修正的必要。因為它足以說明現在台灣，有效統治的地區就是領土。接著是改變政府的組織，例如在一九九八年底，精簡了台灣省政府。所以這是全新的憲法。

很意外地，現在大家都沒有注意到台灣是否具有主權，還有台灣是否具備作為一個國家的條件的問題。就國際法來看，這實在都是問題。如果進行研究，並肯定目前的狀態的話，那麼台灣也沒有必要宣布獨立，挑起中國大陸的爭端！所以我是絕對不會主張獨立的。只要確保中華民國的主權及其地位，使之維持穩固的憲政基礎，在體制上改變成新共和，那麼台灣的民主化即可實現。

邱：在辜振甫訪問大陸後，原本汪道涵預定十月訪問台灣，因為您提出了

「特殊的國與國關係」，從大陸看來，或許會認為那是您在汪道涵赴台之前想要以某種形式牽制汪的發言吧！

李：會在七月九日發表「特殊的國與國關係」，其實是有理由的。當初汪道涵是預定在四月來台，但是卻一再延遲，詢問之後對方的回答是：「延至十月二十日以後再舉行。」

根據我收到的確實情報，在十月一日中共的建國五十周年國慶日上，中共將會有大動作。例如宣言「台灣是中國的一個地方政府」，還有在十月底將派遣汪道涵到台灣，進行基於一國兩制為前提的政治談判。

如果在國慶日世界各國的焦點齊集之際如此宣布的話，而台灣又保持沉默，那麼事態將會相當嚴重。因此只有修正憲法，或是宣告「特殊的國與國關係」，除此之外，別無他法。

創造機會宣揚台灣主權

我看了看自己的行程表，發現並沒有在國際上發聲的機會。但七月九日剛好有德國媒體的訪問，心想這應該是個機會。如果再邀請美國的《新聞周刊》，或是《華盛頓郵報》，效果應該更好。

所以我也創造了這樣的機會，可以說順勢利用機會。在這次的訪談中，我說明了「不管是就歷史的角度來看，或是就法律的角度來看，台灣絕對不是叛離的一省」，最後我總結說道：「兩岸關係是國與國的關係，至少是特殊的國與國關係，這是必須加以釐清的。」

其實，這個問題只是尚未提到國際法庭，實際上這已經是研究完成的課題。只是在國內，能了解的人太少了，頂多只是十幾位知名的國際學者而已。

台灣沒有必要宣布獨立，特別是所謂的中華民國，很明顯的它不是代表中國大陸的一個政府。因為這是在退出聯合國之際，即已決定之事。但是我們依然保有主權，只不過台灣自己不曾明確地宣布具有主權，這是一個大問題。

然而中共從來也沒有踏進台灣一步。從主權的定義之一「是否有效統治」的角度來看，中共既未在台徵收稅金，就應該不是「統治」。有關於這一點，在一九九八年，辜振甫訪問北京和上海時，也要求以對等的形式相待，如座位桌椅的安排等，一切都有既定的腳本，話題也是鎖定台灣的民主化方面。

於是他提出了波茨坦宣言和開羅宣言，也就是說日本接受了這兩個宣言，在舊金山條約中已放棄了台灣，但對於要歸還給誰並未言明。對此，台灣人解釋為台灣主權的歸屬不明確。

然而，國民政府是接受聯合國軍隊的指定，受命管理台灣。所以說台灣是國民軍的領土，其一大條件是必須是占領著台灣。只要是占領了，中華民國的主權就能成立。這樣說對不對？我也找一些空暇研讀了國際法，當初有一些想法，雖然沒有整理出來，但這五、六年來，我也聘請了多位學者，和他們一起學習。

從這種見解來說，現在的中共也是不具有南海的主權。因為要主張主權，必須要占領、且有效統治才行。因此主張尖閣列島是中國所有，也是很奇怪的說法。提出這樣的主張，並沒有法律根據呀！

對新總統的期許

邱：對於七月九日的發言，您是否也大致預想到了國內外會有什麼樣的反應？

李：有的。日本有一部份的人反對，但多數還是同意，只是表示：「時機好像不太對。」我也反問了：「那麼，請問何時才是最好的時機？」這個問題根本沒有所謂的時機好壞，只要做了，就是最好的時機。

還有美國也曾反對。因為行政部門正被要求大幅修正現在的對台政策。

至於國內的反應，約有百分之七十八的人贊成，我想這是當然的結果。長久以來，在外來政權之下擁有既得利益的人都會反對吧。因此，我會說：「你是哪裡人？是中華民國的人民吧！」

邱：我曾經在陳水扁競選台北市長落選後，對他說「下次的總統選舉請不要出來競選」。這是在宋楚瑜尚未脫離國民黨、登記參選之前的事了。

我對他說：「你比較適合當二〇〇四年的總統」、「我沒有直接問李登輝對你觀感，但是依我看來，他對你印象不錯。如果將來你有意做總統的話，因為你與美國關係太薄弱了，不妨像金大中赴哈佛求學，在美國學習一樣，或許到華盛頓一陣子看看。如果沒有這樣，馬上就任總統的話，會產生一些勉強之處吧。」

我覺得他提早了四年就任總統。當選後，我心想大家和他的蜜月期還會持續一陣子吧！但是現實終究是越來越嚴苛，所以我也深切感受到，今後他將要面臨許多難題。您以前任總統的立場來看，對他有什麼期許嗎？

李：現在，陳先生才就任不久，在這個階段我並不想對他的表現做任何的評價或批判。陳先生只有擔任過立法委員與台北市長的經驗，所以在經驗上稍嫌不足。

我也擔任過台北市長，深切了解當市長和總統是完全不同的。雖然負擔沉重，但是他還很年輕，所以我才說請大家慢慢來判斷、評價。

現在，對於他也出現了各種不同的評價，最常被批評的是對大陸的態度太軟弱。但是他的經驗只有那麼多，要求他具有適切的自主性，尚嫌太早。我認為基本上，經驗是非常重要的。

對於台灣政局，我覺得在今年十月、十一月左右再下判斷才最正確，現在還言之過早。

另外，如您所說的，他的人際網絡有限制，所以要信賴誰？要請誰提供建言？都還不太清楚。所以他也到處邀請人加入他的團隊，但是大部份人對政治也並不是很了解。

新政府應密切注意資金流動情形

我和他進行了政權的移交，說老實話，在實質面我也幫了他不少忙，之後，就看他的表現了。他應該有屬於自己的作風，或許會做得比我好也說不定。這是我的看法。

例如，一般民眾看到最近股市滑跌，都大聲疾呼，意見紛紜。也有人對我說：「在你當政時，都能斷然採取對應政策，但他究竟在做什麼呀？」而我的回答是：「請慢慢來，不要那麼慌張。」

邱：民進黨過去是批評的在野政黨，或許懷有理想，但是只有理論，沒有實務經驗，大部份的人也沒有賺大錢致富的經驗，所以不了解經濟，這種人聚集在一起，錢就會溜走。

日本的個人金融資產達一千三百兆日幣，不是那麼容易就會跑到別的地方。

但是台灣的錢，流動性非常高。這種錢一下子不知道就會跑到哪裡去？如果大幅流動時，現實上就會發生如股市交易額減少為三分之一的情形。對這種情勢的反應，如果稍有遲緩，就會對台灣本身帶來相當大的影響。

李：現在，在台灣資金的流動情形如何尚不能斷言。因為台灣目前面臨著三大問題，第一是高速鐵路的建設；第二是電信公司，目前台灣有三家民營電信公司，僅僅這三家就集資了三千億元以上的金額；第三是中華電信的民營化釋股問題。

僅是這三方面，或許就已達一兆元以上，相當龐大的資金集中在這三方面，所以今年面對這種偏重的現象，實在有必要調查一下資金流動的狀態。

台灣沒有必要強調民族主義

在台灣資金的融資型態以股票居多，超過百分之五十五；銀行的信用融資只占百分之四十而已，剛好是一種相反的狀態。

我在卸任之前，曾成立了五千億元的國家安定基金。成立的理由是短期資金的出入過於激烈，如果有影響到股市，事態會很嚴重。而現在市場之所以沒有安全感，是因為財政部、中央銀行、經濟部的腳步不一致之故。

邱：金錢從四面八方匯集湧來，才是理想的狀態。現在的新政府如果沒有這種體認，就會有經濟混亂的危機。

李：我也呼籲新政府趕快檢視資金流動的問題，我已表示不再涉足政治，但這一點真的很重要。

邱：您預定什麼時候赴日訪問呢？您曾經表示想參加十月在松本市舉行的亞洲展望論壇會議。

李：最好不要過於喧嚷才好。即使決定了要去日本，也希望不要讓此行流於廟會慶典般的喧嘩吵鬧。

現在，對台灣有興趣的日我越來越多了。其中一部份的人似乎對Identity和Nationalism方面的問題很感興趣。Nationalism這個詞彙相當難，是民族主義呢？還是國家主義？抑或有其他不同的說法？並不是很明確。台灣應該沒有必要去強調Nationalism吧！首先，應該對台灣有Identity。

Identity的中文是「認同」，這是個很有趣的字眼，和Nationalism又有所不同。所以不要那麼硬邦邦地一定要分出個黑白。

現在台灣的傳統，是基於Identity的主體性認同。如果說是Nationalism的話，我覺得就會陷入大陸的民族主義。

邱：即使認為自己是中國人的台灣人，當每天都被問「你是中國人嗎？」想必也會受不了吧！

本文原載於《亞洲的智略》，頁二三二—二六五，二〇〇〇年

附錄二

浪漫、愛閱讀又有準備的總統

葉啟祥牧師

浪漫

李總統是一個很浪漫的人。「武士道解題」的書中還記載一段談到善鸞和親鸞的故事，讓李總統很感動。〈採訪註：善鸞因為戀慕女友，後來女友被迫嫁人，但善鸞仍戀戀不忘，終至沉溺妓院與酒家。父親親鸞是出家的師父，憤而將其子趕出家門。親鸞的大弟子唯圓不斷向親鸞求情，親鸞仍然不為所動。後來唯圓也與酒家女熱戀，但親鸞未將其趕出家門，唯圓面對親鸞說：「今若善鸞不是師父之子，恐怕早就赦免其過了。是吧？」後來在親鸞促成之下，反而讓唯圓與酒家女結婚。後來，親鸞重病將亡，問善鸞願不願意歸入佛門，未得到善鸞的回應，父親親鸞最後回答說：「任何人只要真心就可得助……世界是善良的、調和的。期許能有永遠美麗光輝的和平。永遠。內心也一樣。」這個故事讓李總統感動莫名〉問到這一段記載，李總統回答說：「嘿！嘿！嘿！我還改過白蛇傳呢！我想，如果許仙和白蛇兩個人要談戀愛，為什麼不讓他們一起？和尚為什麼要禁止呢？這不應該！所以我就改寫了白蛇傳，讓他們兩個在一起！」

閱讀

李總統從年輕到今天，還是不斷地閱讀，以前不讀到晚上一點不睡覺，而且七點就起來掃廁所。在官邸地下室有他自己的一間小圖書館，談起閱讀，李總統不會散漫地閱讀，而是非常有系統的照著思想發展閱讀。他先從日本古典的書閱讀起，到明治時代的書全部都讀。到了高等學校時就閱讀西方哲學，大部份讀德國和俄羅斯的書，較少讀美國的書。他也讀中國的書，他認為中國的書很多差不多，他們的社會都是循環性的說法，社會就進步、退步的循環，這是整個制度的問題；但是，讀魯迅和郭沫若的書，讀得很多，主要魯迅的書就是在思考打破這一個輪迴的把戲。

面對政敵

李總統有面對政敵，以及各路政黨、派別的能力，問到為什麼連宋楚瑜對他也不好，還會和他談？李總統說：「現在台灣是一個民主政黨，民主社會哪一個政黨都應該談，這是一個民主社會，所以現在要走中道的路線。這是為了台灣的民主，但是離開公義和愛我不會接受，遵守上帝的道理，認真打拚，這是我性格上的問題。」

兒子的死

問到兒子去世時信仰的經歷，李總統只有一語帶過：「我兒子的去世，那是上帝的安排。」

有準備的總統

當年李總統在面對中國試射飛彈的問題，李總統對外說有十八套版本在其心中，似乎老神在在。筆者前往訪問之際，一開門李總統便已經在等待，早在一週前他已預備好所有的資料，包括一疊自己的言論、對外發表有關的文章等等，預備接受採訪，同時，臨走時還送給台灣教會公報社三大箱關於自己的書，其用功

附錄三

採訪後記：感謝上帝，將李總統賜給台灣

葉啟祥牧師

歷史的偶然與安排，往往出乎人意料之外。一九九〇年三月學運，台灣神學院和台南神學院很多學生聚集在中正紀念堂抗議國民大會擴權，後來有五十幾位學生一起到總統府見李登輝總統，我是其中之一。那是和李總統第一次會遇。彼時，所有的學生莫不期待第一位台灣人總統可以多做一些，年少的我們哪知道他也正遭逢當時國大以及黨內排山倒海的抗拒。記得，當他聽完學生的抗議後，他

回問：「我有權力解散國民大會嗎？」學生均無言以對。

回家後，我想：高招！李總統絕非外界所評「憨厚」與「順從」。

時隔十七年，訪問李總統時我問：「很多人說你權謀，權謀和信仰看起來有衝突的，一個講信實、另一個講謀略，你怎麼看這件事？」他像當年一樣直截了當地反問：「我有權謀嗎？」他的回答像當年出乎我意料之外，他接著說：「事情該怎麼樣就怎麼樣！」一句話說明其決策的心志，也意味當領導人決定事情和外界的解讀，存在不同理解的衝突。訪談中，他多次說：「我不是照規定來做事的人」、「讓人批評，那沒有關係」、「一定要想為老百姓好」，一再地透露，做決定時的思維，不必在乎外界的看法，這便是李登輝！

說的也是，如果完全照那時國民黨的規定，那還談什麼改革？一個好的領導者，絕不會限於組織規定，這會限制自己和組織的發展；領導者做決定時，也需無畏人言，只要是一件創舉，必然是和一般人的見解不同。於是，權謀與否、為自己或是為了人民，便存乎領導者一念之間。心存善念，為他人、人民利益著想，「該怎麼做就怎麼做」看起來不一致卻有智慧；而為己之私，「該怎麼做就怎麼做」便是為權謀。處於一國領導，沒有絕對的、最佳的、人人都滿意的選擇，只能盱衡局勢，做較好的，較周詳的、最有利多數人民的抉擇。

這些抉擇，反映著智慧、心志以及領導者背後的信仰。聖經中許多人耳熟能詳的人都像李總統的處境，他們多半為小國之君，既為一國之首又是眾國之微；因此，他們對上帝的體認，既關乎個人的同時又牽動國家的命運。大衛是、亞拉罕也是。李總統處於國家轉變與急難中時，曾文惠女士扮演著安定的角色。每回重大的危急之中，曾女士必定迫切禱告，並以牧者都不太能接受的讀經方式解讀上帝在處境中的旨意，翻開聖經三次，往聖經一比，找出上帝要李總統去做的方向，訪問時曾女士自己都不好意思地說：「現在想起好像在抽籤一樣！」如今環顧當年，李總統卻說：「回頭一看，不信上帝怎麼可能！」

我們一直以為舊約是以色列人的歷史，那位「他國」歷史的神離我們好遠。但是，我第一次深刻體會，在那一刻舊約的上帝與台灣的命運息息相關，舊約聖經中上帝——引領以色列王大衛的上帝，開啟先知話語的上帝，掌管以色列命運的上帝，在台灣近代最巨變、轉型、嚴峻考驗的時候，像帶領舊約領袖，一樣引領這位台灣基督徒的總統。時間、國度相隔千里，上帝是同一位，了解神在台灣歷史中的作為，那是何等奇妙的感覺！如果我們再看一看緬甸的局勢，僧侶上街頭，軍隊鎮壓，人民流血；或是看遠一點，俄羅斯、拉丁美洲、南非經歷第三波的民主風潮，不免流血的政變與傷亡，而台灣的變動，未付出重大、血腥代價，不得不肯定當時李總統的在位，一位堅持民主，改革的台灣人，擋住了反革命的壓力……。你也不得不感謝上帝恩待台灣，在歷史大轉彎時，將李登輝賜給台灣。

對於採訪的我來說，當年我在中正紀念堂外面高喊「國大下台！」李總統在總統府內正面對著萬年國大和黨內異己血淋淋的鬥爭；當年抱怨李總統的不作為，如今訪問他時和他面對面了！像聖經所說：「彷彿面對鏡子觀看，模糊不清，到那時就要面對面了！」在那關鍵時刻，各自扮演自己所能扮演的本份，如今面對面，拼湊當年我所不知的處境，寫完採訪時，想起的南非圖屠主教說：

「更為重要的，我們要寬以待人，因為我們無論如何也不能完全瞭解他人的處境……。」

本文原載於《台灣教會公報》第二九〇六期，二〇〇七年十一月

附錄四

察時事、順民情、擅謀略

李登輝瓦解威權體制之路

康依倫

李登輝一步一步完成了安撫保守派、瓦解既得利益集團、軍隊國家化、鞏固政黨政治的目標，引導台灣由威權向民主和平轉型。

二〇一三年一月十三日，民進黨發動「火大」遊行，號召十萬人上街，要求換內閣救經濟、反媒體壟斷及召開國是會議。有國民黨立委私下表示，民進黨刻意選擇在蔣經國逝世的日子上街，要讓以「蔣經國學生」自居的馬英九難堪。

民進黨主席蘇貞昌受訪時否定了這項說法，表示李登輝執政時的國是會議相當成功；但堅持不開國是會議的馬總統在一場退休年金改革座談會上，說當時的那場會議沒有太多具體結論，只是將紀錄送到國民大會，卻花了三千三百萬元。

馬總統把國是會議形容得像是花錢的大拜拜，但這場會議，在體制上，確定了台灣憲政改革及總統直選與國會的全面改選；在政治操作上，則是李登輝援引外部力量，推動改革的方法之一。

一九八八年一月十三日晚上，李登輝宣示就任總統，開始了十二年的執政之路。李登輝從政資歷短，七一年才加入國民黨；他雖具有本省籍的象徵意義，但當時監交宣誓的司法院長林洋港也是台籍，政壇資歷卻比他久；面對這些前輩，李登輝究竟用了哪些策略，帶著台灣從威權體制轉型成為民主國家。

頻顧黨國大佬　穩定民心

蔣經國八八年突然的辭世，令不少人意外。當時才要解除戒嚴，開放報禁、黨禁，沒了強權穩定社會，怎麼辦？為了穩定民心，李登輝選擇在蔣經國過世後到奉厝的十三天期間，每天早上七點多，準時出現在靈堂前致意，透過電視及報紙傳遞，李登輝說，這是要讓民眾知道，他會遵循蔣經國的做法，讓民眾安心。除了穩定民眾，他更要化解黨內的疑慮。

他去拜訪兩位蔣家遺孀，黨內大老陳立夫、俞大維、張群等，甚至二二八事件的主角彭孟緝，李登輝都一一走訪，穩定黨內的情勢。更具體的是，他選擇在一月二十九日，以總統身份與增額立委會談（按：八六年選出，包括黨外的吳淑珍、康寧祥、朱高正等），強調他會貫徹蔣經國的遺訓，沒有所謂「李登輝政策」。

李登輝的省籍，則是讓外省族群擔心的另一個問題。這群四九年跟著蔣家來台、在蔣氏父子接連過世後，誰維護他們群體利益？誰要帶他們回大陸？會是這個台灣人李登輝嗎？

為化解外省族群的疑慮，他在九〇年八月宣布要籌組跨黨派的「國家統一委員會」（國統會），以國家統一為目標。按照憲法，沒有任何問題；但是，當年六月的國是會議才由跨黨派做出目前並非與大陸政治交流的時機，沒多久，卻要成立國統會。不但民進黨批判，國民黨內也因為國統會編制在總統府內，位階高於行政院的大陸委員會而反彈。

國統會做出了國家統一的近、中、遠端目標，沒有時間表。李登輝要透過「統一」的前題，安撫外省人。事實上，陳水扁執政之後，國統會仍然存在，他就像李登輝，把國統會當成安撫統派的工具。

巧計釋兵權　軍隊歸國有

軍權的掌控，對於第三世界國家的轉型，一直是個最關鍵的課題。中華民國總統是三軍統帥，蔣介石軍人出身，蔣經國掌管過總政治作戰部、輔導退伍軍人的退輔會及國防部。李登輝的學者和本省籍的背景與軍隊無淵源，部隊高層中占多數的外省軍人該如何認同他？更別提，八八年，他還需要面對一位元來自軍中最大的敵人：參謀總長郝柏村。

郝柏村擔任過蔣中正的總統侍衛長五年，在蔣家領袖過世後，軍人自然會有投射性。而他自八一年十二月接任參謀總長，到八八年已經七年多，外界已出現撤換的聲音，但李登輝並未立刻處理。直到八九年總長任期屆滿前，他決定調整郝柏村的職務，讓他接任國防部長。

消息傳到了蔣宋美齡的耳中，她立刻找了李登輝到官邸，表示郝柏村不能換；待李回去後，又再請人打了封英文信，提到更換總長及國防部長，軍隊少了強有力的領導，會對國家安全造成危險，絕對不能讓沒有經驗的人來領導軍隊。蔣宋美齡的信，更堅定了李登輝換人讓軍隊國家化的想法。李登輝對郝柏村的安排還不只如此。九〇年三月，李登輝及李元簇當選第八任正副總統。兩年的潛伏與觀察，要找誰擔任行政院長，成為李登輝的首要課題。

當時台灣正經歷過三月野百合學運，社會出現改革開放的氣氛，李登輝雖有意找國民黨中生代的連戰接任院長，但黨內部份大老認為中生代歷練不夠，李登輝妥協後決定由黨內老臣裡挑選，郝柏村因此出線。

消息一出，立場傾向黨外的《首都早報》即在頭版以全黑配上「幹！反對軍人組閣」作為標題。《自立晚報》則在社論貼出「無言」二字。三月才結束學運的學生，發起「反軍人干政大遊行」，矛頭對準郝柏村，再度回到中正紀念堂抗議。

兩人合作一直到九二年底的第一次國會全面改選。這次選舉共一六一席，國民黨一〇二席過半，以批判郝柏村言行為要求的民進黨擴增至五一席，超過三分之一，秘書長宋楚瑜承認失敗。李登輝認為，再由郝柏村續任，立法院的閣揆同意權，爭議恐怕不小。當時，郝柏村以院長身份，召開軍事會議，涉入總統國防職權，此事被民進黨立委葉菊蘭在立法院質詢而引起社會譁然。

李登輝決定要在這次完成中生代接班，但郝柏村又提出建議的閣揆及黨秘書長人選。九三年一月二十五日，年初三，他到李登輝官邸討論內閣總辭，郝主動詢問閣揆的提名方向，李登輝直接表明，希望提名年輕一點的人。

這等於是斷了郝柏村總辭後又留任的可能；兩人當天為了總辭程式及人事意見不同，李登輝最後生氣的當場拍桌大聲的說：「總統有任命權！」李郝關係至此徹底決裂。之後，郝柏村在國大臨時會閉幕時，遭民進黨代表拉布條高喊「郝柏村下台」，郝柏村則是舉臂高呼「中華民國萬歲」、「消滅台獨」，但李登輝卻是在會後與民進黨代表合影。這次的羞辱，讓郝柏村決定辭職。

調整郝柏村的職務是李登輝介入軍方人事的第一步。之後，他恢復了總長由三軍總司令每兩年輪調的制度，但輪到海軍時，他卻未找當時的海軍總司令葉昌桐，葉是郝的愛將，當時升總司令正是郝總長的推薦。李登輝回頭找了總統府戰略顧問劉和謙。劉在任海軍總司令時，就常因人事、艦艇採購、建軍計畫和郝總長有爭議，劉從戰略顧問轉任參謀總長，被視為李登輝清除郝柏村軍中勢力的一步棋。

另外，郝內閣的國防部長陳履安（前副總統陳誠之子），雖是由郝柏村欽點，沒想到，郝柏村主導的軍事座談，引發陳履安抱怨，兩人漸行漸遠，陳履安反過來成為李登輝清除郝柏村國防勢力的另一助力。

八八年一月李登輝執政之後，軍方有二十一位上將退役，郝系占十五人；晉升上將的二十一人，屬於李登輝提拔的就有八人。李登輝逐漸完成軍隊國家化的目標。

順勢導民意　掌控政權

台灣報禁在八八年一月起正式解除，媒體競爭激烈並出現了不同的支持對象。當時兩家主要平面媒體的報老闆，《中國時報》余紀忠、《聯合報》王惕吾，都是國民黨中常委，黨雖然沒有直接指揮媒體，立場上不言可喻；至於當時的無線三家電視台，則直接由國民黨文工會管轄。

李登輝初繼任總統時，黨內相安無事，但是，到九〇年二月，下屆總統提名作業開始，國民黨內爆發「二月政爭」。行政院長李煥、國防部長郝柏村、司法院長林洋港等人士，不滿李登輝沒有先經黨內討論就決定找時任總統府秘書長的李元簇為副總統，展開私下運作，打算利用臨時中全會以「票選」的民主方式，取代過去的「起立」，意即用秘密投票重提副總統人選。李登輝直到開會前一天才知悉黨內有人要對副手，甚至是對他的總統提名翻盤。

因為距開會不到一天，此時，李登輝等決定利用媒體，打電話給幾位熟識的新聞界人士，直接表示提名案可能會有變化，先行破局。預防針果然見效。媒體隔天見報後，記者一早就到會場包圍幾位當事人，信任被鬆動，票選案最後以七〇比九九，未獲通過。

這場過程，李、宋陣營被形容是「起立派」、「主流派」；李煥、郝柏村等被稱為「票選派」、「非主流派」。當天的會議，亞洲華爾街日報形容是「流產政變」。

除了二月政爭用媒體來破局，包括郝柏村接行政院長、推翻黨內委任選舉建議直接推動總統直選，李登輝在事前都找了余紀忠及王惕吾，先告知自己的想法，一方面希望爭取媒體支持，另外也藉此試探社會的反應。

李登輝運用的另一個民意工具，則是台灣的社會力量。

九〇年三月十六日，一群台大學生為抗議國大代表自行修法延長任期，在中正紀念堂前展開靜坐，有學生展開絕食。李登輝在學運開始時，曾經打電話給當時的台大校長，也就是他在台大的學生孫震，要求他必須去現場關心。黨內勢力既然不夠穩固，如果能援引外部力量，或許有辦法扭轉情勢。李登輝先是決定見學生，當時他就對學生代表說，他知道國民大會要取消，但「要怎麼做？我沒有辦法。」而在見了學生後，李登輝就順著學生提出的要求，一一做到了：開國是會議、總統直選、資深民代退職、廢除臨時條款及省長民選。民意，成為李登輝帶領黨意的後盾。

然而民主政治是代議政治，在野黨力量不夠，是無法從外部來制衡國民黨。八六年人民團體法通過，民進黨正式組黨。李登輝在九〇年五月二十日的就職典禮演說提到要建立政黨政治，讓政黨公平競爭。當天，他宣布特赦令，特赦幾位因美麗島事件入獄的政治犯，並陸續解除海外黑名單，落實政黨政治。而這些政治犯及黑名單，陸續投入選舉，也強化了民進黨的力量。

二桃殺三士　蕩平山頭

國是會議朝野同意要廢國大、國會全面改選，這要由國代自廢武功，先廢除「臨時條款」，怎麼辦？

李登輝先祭出了主動退職。八九年二月通過的退職條例，讓退職的民代最高可以領到六十一個基數的退職金（二分之一月薪為一個基數），每個人至少有五百萬到六百萬元。但這時自願退的人並不多。九〇年的正副總統提名須國大代表同意，所以，他就以拜票的名義，一一走訪每一位國代。當時行政院長李煥的夫人潘香凝亦為國大代表，在李登輝前往拜訪時，潘以「身體不適」，拒絕開門，讓李登輝相當難堪。一直到九〇年四月，國、民兩黨立委聯合提出釋憲，就在國是會議召開之前，大法官會議做出資深民代必須在九一年底全面退職的決定。

在李登輝初接任時，國民黨秘書長李煥、參謀總長郝柏村、行政院長俞國華，各據山頭。李登輝用調整職務的方式除去郝柏村軍權，至於行政及黨務，他則利用李煥想轉任行政院長而與俞國華之間產生的矛盾。

俞國華與李煥兩個人在八八年聯手把李登輝拱上了國民黨代理主席，逼退了蔣宋美齡的干預，但在隨後中央委員的選舉中，俞國華的排名掉到三十五名，李煥拿下第一，行政院長排名後面等於是黨內也不支持，會場上，就有人要內閣改組。不過，也有人去向李登輝報狀說，黨務系統自己衝票，根本應該撤換掉秘書長。

李登輝按兵不動。但俞國華後續又有國民黨立委爆料其包庇酒家女的新聞，黨中央沒有出手制止，在情勢所逼下，俞在八九年五月辭職，此時，黨務系統推舉李煥接任的動作不斷，只是李登輝屬意蔣彥士，但其堅決推辭；李登輝擔心不安排李煥，其他人選恐怕都會受到黨部的制肘，李煥出任，亦可順勢調整黨部人事。

李登輝在不情願的情況下，讓李煥接行政院長、宋楚瑜任黨秘書長；但一年後，他就用郝柏村，把李煥給換下。另一個被李登輝等著換的，是總統府秘書長沈昌煥。

沈是蔣家老臣，兩任外交部長，八四年轉任總統府秘書長。他堅持「漢賊不兩立」和李登輝想推動的務實外交有出入，也和年輕外交系統矛盾。八八年八月，李登輝打算出訪新加坡，當時外交部長連戰極力協助，但沈昌煥在府內壓下外交部的計畫，打算改公文表示應擱置出訪，這件事最後被李登輝發現。

八八年十月，外交部、經濟部、企業界組成「蘇聯貿易訪問團」，這對台灣的外交是個突破，但沈昌煥卻在中常會，拿出蔣介石著作「蘇俄在中國」要求官員要有敵我意識，反對彈性外交。這次的發言，引起媒體、立委抨擊。在李登輝上任九個月後，沈昌煥被換下，由李元簇接任，之後他成為李登輝的副總統人

附錄五

李登輝先生與台灣民主化

改革的前夕與曙光（一九七〇—一九八九）

一、國民黨的統治危機

國民黨在一九五〇年代就開始舉辦地方自治選舉，並從一九六九年局部增、補選中央民意代表，一九七〇年代提出革新保台和「本土化」的主張，縱然如此，這些措施並沒有根本解決統治正當性的問題。一九七〇年代，台灣的國際處境越來越艱難，國民黨政府面臨了所謂的「外部正當性的危機」。

（一）外部正當性危機

一九七一年，美國總統尼克森訪問中國，雙方展開關係正常化，中華民國在國際舞台上的主要支柱開始嚴重的傾斜；同年十月二十五日，聯合國大會通過二七五八號決議案，驅逐蔣介石政權代表在聯合國的組織及其所屬一切機構中的席位，中華人民共和國繼承了中華民國在聯合國的席次。隔年，日本也宣布和台北斷絕外交關係，幾年之間，台灣的外交部忙著處理與各國斷交的事務，因此被戲稱為「斷交部」。而美國與中國關係正常化逐漸地加溫，進而決定在一九七九年一月一日建交，放棄對中華民國的外交承認，等於由美國註銷了國民黨政權在台灣進行統治的外部正當性。「中華民國」逐漸地變成國際政治的孤兒，等於已經在國際社會中消失了，也考驗著對台灣的信心和認同感。

同一個時期，台灣人民已經陷入國家前途將何去何從的恐慌中，而在美、台斷交之際，達到高峰。在台灣實質上已經繼承最高權力的蔣經國，以強化內部正統性來對應。蔣經國加速起用台灣人擔任黨國體制內的要職，並開放了民意代表選舉的管道，舉辦增額中央民意代表的選舉。

（二）蔣經國的本土化

從一九七二年擔任行政院長開始，蔣經國正式成為蔣介石的接班人，開啟了他的時代。他陸續任命台籍的政治菁英擔任政府機關的要職，並且在黨務組織中任用了較多的台灣人，推動了所謂的「本土化」政策。譬如在內閣部份，副院長首度由台籍的徐慶鐘擔任，政務委員則有林金生、高玉樹、連震東、李登輝等人，台籍閣員所占比例之高，是前所未有的；當時台籍人士在中常會中央常務委員所占的比例也提昇了。在省政府和台北市府方面，蔣經國陸續提拔謝東閔、林洋港、李登輝、邱創煥等人主持省政，任命張豐緒、林洋港、李登輝等人為市長。這些人中，除了李登輝和林洋港之外，大部份已經有基層選舉的歷練，頗孚眾望，但也等於經過國民黨選舉機器和意識型態的篩檢和融合。

在國會方面，一九六九年舉行首次中央民意代表的增、補選之後，蔣經國有意強化國會的代表性，並解決萬年國會逐漸凋零、本土人才大量參政的壓力，因此在一九七二年進行「臨時條款」公布後的第五次修改。從那年起，他的政府開放了「增額中央民意代表」的選舉，使國民大會、立法院和監察院都能定期改選部份的成員，但仍然維持一九四七年在大陸選出的中央民代占據國會的席次，維繫「法統」的象徵。

蔣經國晚年的改革，雖然已經往「台灣化」的方向發展，但畢竟是不夠充份的，其動機也是為了延續國民黨政權，而不得不採取一些措施，來強化統治內部的正當性。譬如，國會局部改選的增額選舉，很明顯是一種權威主義的選舉，不僅從提名到投票、開票過程全力干涉運作，甚至弊端叢生；所以反對人士常開玩笑說，他們輸給國民黨「兩票」——買票和做票。而新國會的結構，既不能代表一九四九年後的中國大陸民意，更不能充份反映台灣現實的民意，因此這樣的選舉並沒有起什麼民主化的作用，只是提供一條台灣民主的跑道，改變不了國家「非常體制」的本質。

而在黨政人事的台灣化方面，也僅是一種謀求安定與平衡的漸進策略，台灣人菁英還是無法接近權力核心，被賦予主管重要的行政部門（譬如外交、軍事、財政等方面）的責任，或者占據黨中央常會的重要位置。而在民間，蔣經國大搞個人的政治舞台秀，處處表現出勤政愛民的形象，但一般人民仍受制於戒嚴體制和特務機關的監視，無法享受憲法保障的言論、結社等基本自由。

蔣經國一方面表現出開明專制的改革作風，但面對以台灣人為主體的民主化運動，仍然非常重視情治機關的運用，襲用以特務機構威嚇統治來維持治安的方式。因此從擔任行政院長到總統任期晚期，蔣經國政府仍表現出威權政治的本質，情治單位的勢力無孔不入，並牢牢地掌握媒體與教育體系，以進行一元化思想教育的制約，目的在於防止在野民主力量對群眾的動員，不至於動搖他的政權。然而這時的黨外民主運動，已經逐漸從選舉時的游兵散勇、孤星式的抗爭，進入組織化的階段。

因此國民黨在一九七〇年代末期到一九八〇年代初期所面臨的複合危機中，

有來自外部的美國與中華人民共和國建交、美國不再承認中華民國的衝擊，有來自中國「和平統一」的攻勢，也有來自台灣內部的黨外勢力的挑激。而由於選舉的頻繁舉辦，在野人士逐漸發展出組織、甚至政團的力量，聲勢越來越壯大。

二、風起雲湧的民主化運動

在實施戒嚴和特務橫行的一九六〇年代，整個台灣的政治氣壓非常的沉悶，在野人士的活動空間十分有限；轟動一時的《自由中國》雜誌和「中國民主黨」的組黨運動，已經隨著雷震案的發生而煙消雲散，民主化運動彷彿進入冬眠的階段。一九七〇年代起，反對勢力的集結，逐漸以台灣籍人士為主體，慢慢地發展為民主化運動的主流。他們最先是透過地方議會有限度的結合，後來也在立法院和國民大會形成小小的政團，一九七五年起則陸續透過政論性雜誌的創辦，提出政治自由、人權保障、制度改革、擴大政治參與等憲政議題，並以組成反對黨為初期運動的目標。民主化運動不僅在政治上逐漸展開，也在歷史、文化、教育和輿論的戰場，全面地與國民黨進行鬥爭。

（一）反對勢力的結合

一九六〇年代期間，只有一些在野的本土菁英份子，如郭雨新、郭國基等人，經由選舉的管道，在議會中從事政治批判，伸張人民的心聲。但這僅是個別、零星的行動，無法凝結成集體性的政治改革運動。到了一九七〇年代，新一代的本土政治人物透過選舉活動逐漸地崛起；其中最引人注意的是黃信介和康寧祥，他們的競選演說總是吸引成千上萬的民眾，使黨外活動在媒體的曝光度大大的增加了。他們匯集了在野人士對政治改革的期望，在議會中質詢也發揮了在野制衡的一些功效，引起人民對公共事務的關注。

一九七五年八月，康寧祥和黃信介，加上姚嘉文、張俊宏等人，創辦了《台灣政論》，這是國民黨政府遷台後，第一本由台籍菁英創辦並主導的政論性雜誌，也是往後一系列反對運動結合雜誌的濫觴。而由《台灣政論》結合的新一代本土菁英，也幾乎主導了日後的黨外運動。

上述選舉弊端的發生，不勝枚舉，而且不限於中央層級的選舉，包括地方首長和地方民意代表的選舉。由於作弊成本低又容易進行，國民黨地方黨部和情治單位時常配合演出，即使被民眾發現了，透過法院的護航，反對人士和一般民眾依然無力改變選舉的結果。於是為確保執政的優勢和派系政治的穩定，國民黨後來幾乎每次選舉都作弊，直到一九七七年爆發「中壢事件」，終於見識到基層民意的積怨，而稍微收斂。

相對的，「中壢事件」的爆發印證了民間蓄積大量的反國民黨的勢力，同一年發生在各地方（譬如雲林縣古坑鄉）的國民黨選舉弊端，也引起地方極大的反彈，促成更多的知識菁英和中產階級加入反對陣營，加速台灣反對力量的茁壯。尤其在一九七八年和一九七九年之間，美國宣布和中華民國斷交，加深台灣民眾的危機感，民間要求改革的呼聲更為殷切，然而國民黨當局卻凍結增額中央民代的選舉，加緊對黨外人士的政治迫害，埋下衝突的導火線。

一九七九年一月二十一日，警備總部為了壓制在野的民主運動，以牽涉匪諜案為藉口，逮捕黨外前輩余登發老先生，隔日引發了台灣戒嚴後民間第一次自發性的示威行動——「橋頭遊行」。在「余登發案」（一九七九年一月至四月間）審判期間，又發生「中壢事件」的主角人物桃園縣長許信良因參加橋頭遊行而被休職案。由於法律的對抗無效，黨外人士人人自危，因此籌組政論雜誌和政團的動作不斷，最後促成《美麗島雜誌》的發行和「美麗島政團」的形成（一九七九年六月至十二月間）。同時，黨外街頭群眾運動的路線形成，也激化黨外陣營與國民黨當局的衝突。

（二）反對黨組黨成功

一九七九年底「美麗島事件」發生後，國民黨當局以「暴力脅迫」和「涉嫌叛亂」為名，逮捕許多全國的黨外菁英，並動員輿論媒體大力討伐黨外民主人士，社會上一時風聲鶴唳；不過，卻因「美麗島軍事大審判」的效應，讓民間見證民主運動者的勇氣和主張，刺激社會各界對台灣現狀的反省，也引出一批辯護律師和受刑人家屬，接起民主運動的薪火，並且表現的更加勇猛。

所以，黨外勢力雖然因為美麗島事件的衝擊，一時消沉下來，但經過一九八〇年之後歷次選舉的動員，再度崛起、成長。整個一九八〇年代，黨外勢力的發展更為蓬勃，很多個次級團體分進合擊，使得票率不斷的提昇，在各級議會的黨團逐漸成型而壯大；同時，組黨的呼聲此起彼落，公開主張台灣主權獨立，強調台灣住民共同決定台灣的命運。這時期在野民主運動的另一個特色，就是各色各樣的黨外政治性雜誌的出現，大多數是由黨外民意代表創辦，但也有無意參與選舉的青年專職黨工，以雜誌為陣地，專注於黨外組織和路線的發展。

長期要求民主化、向國民黨統治政權挑戰的黨外勢力，經過十幾年組織黨外政團的醞釀，終於在一九八六年九月二十八日一次黨外候選人的推薦大會上，宣布組成一個在野黨，名為「民主進步黨」，他們冒著違反戒嚴令和黨禁而被逮捕的危險，向厲行黨禁長達四十年的國民黨當局做歷史性的挑戰。十月七日，蔣經國接受美國《華盛頓郵報》及《新聞周刊》訪問時宣稱，台灣將在近期內解嚴，以及新政黨成立必須遵守的一些條件，明白揭示解除黨禁的原則，無異默認民主進步黨的存在。

黨外人士一再突破非常體制的壓制，率先衝開了社會的自由空間，因為國民黨政府無法阻擋，使自由空間成為社會的「公共財」，導致越來越多的社會團體也敢站出來，要求改革，並不斷的擴大自我的主張。所以，台灣的轉型動力以政治運動為主，社會運動繼之，終於迫使國民黨政府解除長期的戒嚴令，並突破所謂的「黨禁」和「報禁」。

三、戒嚴體制開始鬆動

一九八〇年代後期，國民黨的統治危機更加沉重，一是內部統治正當性的基礎愈加薄弱，雖然想透過一些變革來補強，但始終無法跟上時代的腳步，滿足民眾的要求；另一則是蔣經國的病情越來越嚴重，黨內浮現權力接班和統治存續的危機。台灣的民主化遇到結構性的問題，民主化的呼聲也總是在黨國體制內遭遇瓶頸。

（一）國民黨危機加深，抗拒改革

一九八六年開始，國民黨知道不變不行了。那年的三月底，國民黨召開第十二屆三中全會，蔣經國要求「以黨務革新帶動政治革新」，會後並推出十二名中常委組成工作小組，分成兩組，討論幾項重要議題，就是後來所謂的「六大改革方案」，包括：充實中央民意機構（因應國會改選問題）、地方自治法制化、國家安全法令（因應解除戒嚴問題）、民間社團組織（因應反對黨組黨問題）、社會風氣（因應「自力救濟」等社會運動問題）、黨的中心任務等。蔣經國任命首席中常委嚴家淦擔任這個小組的總召集人，副總統李登輝擔任副召集人。

大約半年之後，國民黨「十二人工作小組」在十月四日決定了幾項解除戒嚴令的方針，並經由國民黨中常會在十月十五日通過兩項革新的議題：第一，制頒「動員戡亂時期國家安全法令」，以作為解除戒嚴令的配套措施；第二，制頒

「動員戡亂時期民間社團組織條例」，以作為解除黨禁之後對反對黨和社會團體的規範。由上可見，國民黨仍不願摘掉「動員戡亂」的大帽子，因為這是它長期統治台灣的法寶。

（二）改革的逆流與轉機

一九八七年上半年，台灣人民紛紛走上街頭，反對制定「國安法」，要求無條件的解除戒嚴。無奈，國民黨最終還是動員立法院，在六月二十三日強制通過「國安法」，隨後才在七月七日通過「解嚴案」。蔣經國總統宣告從七月十五日零時起解除戒嚴，結束了長達三十八年的戒嚴令，這是他臨終前最重要的政治鬆綁動作，也是非常體制第一道棄守的防線。

這一年台灣的政治氣氛可以說是非常的詭譎，七月底，蔣經國公開宣稱自己也是台灣人；八月中旬，國民黨秘書長李煥公開說，國民黨要與其他合法政黨從事公平競爭；後來（十月五日）蔣經國也強調說「時代在變，環境在變，潮流也在變，執政黨必須以新觀念、新作法，推動改革」，彷彿在昭告世人國民黨開放改革的決心。但一個星期後，國民黨中央擬定充實中央民意代表的四個原則中，卻還是「憲法不變、臨時條款不變」的原則。

戒嚴令解除後，接下來直接遭遇時代潮流衝擊的，便是「臨時條款」。當時仍然沒有跡象顯示出國民黨打算放棄這個統治台灣的法寶，但是，蔣經國是否有意改變它的內容，使它更適合台灣的環境？一九八七年十二月二十五日，輾轉於病榻與輪椅之間的蔣經國，發表「行憲四十週年」的書面賀詞，表示充實中央民意代表機構是勢在必行的，但必須「符合憲法和臨時條款的精神」。這說明了國民黨抗拒結構性的改革。

一九八八年一月十三日，蔣經國終於過世。強人已經凋零，但舊體制不是一夕之間就會自動崩解的，他們仍會力抗時代的巨輪，壓制要求改革的聲浪，這要等新的台灣領導人來加速推動。

四、政壇新人蓄勢待發

李登輝生於一九二三年（日治大正十二年）的台北三芝，一九四三年台北高等學校畢業後，進入日本京都帝國大學農業經濟學科就讀，隨後因戰爭的動員，成為日本陸軍的學徒兵。從小受到日本精神教育的影響，加上對生死的問題、對農民的生活和戰爭的體驗，所以對自己進行了嚴格的思想訓練，也養成了認真而廣泛的閱讀習慣，最後選擇致力於解決農民的經濟問題。戰後，他回到台灣，一九四九年從台灣大學農業經濟學系畢業，擔任助教和講師。之後，他留學美國愛荷華州立大學，一九五三年獲得農經碩士學位。回國後歷任合作金庫研究員、聯合農村復興委員會（JCRR，簡稱「農復會」）農經組技正兼台大副教授，致力於農會改組與土地改革。一九六五年李登輝再度留學美國康乃爾大學，一九六八年獲得農經學博士學位。

（一）李登輝的從政歷程

回國後，李登輝發表了很多有關農業經濟問題的論文，他的博士論文《農工間資本移動問題——台灣個案研究（一八九五—一九六〇）》獲選為美國農業經濟學會一九六九年的「年度最佳論文」，成為國際上知名的學者，受到當時行政院副院長蔣經國的注意，並在一九七一年受邀加入國民黨。但在這之前，警備總部可能是奉蔣經國的命令，對他進行詳細的調查；李登輝認為，可能由於蔣經國已經認為他沒有問題，因此放心的找他入黨，並決心委以任務。而為了解決台灣的農業問題，李登輝加入國民黨，並規劃自己未來的政治工作。

一九七二年蔣經國組閣，李登輝出任政務委員，正式踏入政壇。他首先推動的農政改革，是當時嚴重影響農民收益的「肥料換穀」政策，他向蔣經國建議優先取消這項不平等的制度，經農復會、省糧食局的研議，終於在一九七三年一月廢止，實質改善農民的生活。在長達六年的政務委員任期，他除了負責「十大建設」中石油化學工業的發展外，在加速農村建設、勞工職業訓練等計畫方面，也下了很大的功夫，同時學習到很多實務經驗。

一九七八年，蔣經國選擇省主席謝東閔擔任第六任總統任期內的副手，李登輝則被任命為台北市長，首度擔任地方首長的工作。李登輝建立了個人的都市經營理論，首先將電腦引進市政管理，文化方面，開始舉辦「音樂季」、「戲劇季」，後來更成為每年的「藝術季」。簡化了交通證照的發放、違規罰款的繳納等等業務。他也大力整頓大台北地區的交通、衛生和農業等部門，譬如建設快速道路，興建垃圾焚化爐與翡翠水庫，結合農業和觀光，豎立了現代都市經營的模式。正因為台北市長期間施政十分成功，三年後，行政院孫運璿內閣再度改組，李登輝改任省政府主席，主要任務是致力於農村的建設。一九八三年七月，李登輝在國民黨中常會提出省政報告〈省政向下紮根的做法〉，突出的表現獲得蔣經國很高的評價，許多人也開始看好他的政治前途。

一九八四年，蔣經國再度挑選擔任台灣省最高行政首長的李登輝，擔任第七任總統任期的副手，由於李登輝的黨齡很短，政壇資歷很淺，蔣經國的選擇真的是跌破很多人的眼鏡，相對的，也是李登輝壓力和挑戰的開始。擔任副總統期間，李登輝只是備位元首，沒有實權，但他利用時間大量的閱讀，累積經驗，除了他專長的農業、經濟、科技之外，舉凡教育、軍事、外交、中國的事務等等，他都廣泛的研究。這時他已經著眼於國際關係的變化，經常四處奔波，雖然台灣已經退出聯合國，在國際社會中普遍不被承認，甚至一度被認為終將逃不過被中國統一的命運，他仍然努力地替台灣發聲，證明台灣的存在，也醞釀出進行務實外交的路線。

從事政治畢竟要累積經驗，所以李登輝常常謙稱他是「蔣經國學校」的學生。但他學習的不是獨裁政權的教條，或是恐怖統治的手法，而是實際去面對民間的問題和台灣在國際社會的處境，了解各種事情要如何應付，有無替代方案或配套措施，以求完善的解決之道。他也希望參透中國政治歷史的本質，熟悉官場的文化，修煉領導和管理的手腕，讓他學習在政治方面如何做得周到，以進行國政的改革。

（二）國民黨啟動改革，李登輝初試身手

一九八六年三月，國民黨因應政局變遷而組成的「十二人工作小組」名單中，副總統李登輝是副召集人，後來因為召集人嚴家淦中風，李登輝被委為總召集人。蔣經國等於將初期憲政改革的任務交給了李登輝。但李登輝了解國民黨開會的特性，在強人政治下面，所有人只能講一些表面話，整個改革的走向、變化的幅度，還是要看蔣經國的臉色。而他也一直思考，「十二人工作小組」所訂下的六項改革議題，每項改革案是否能真正推動，而不是止於開會。

身為副總統的李登輝，是在蔣經國去世後依據憲法繼任總統的，這似乎實踐了蔣經國「蔣家人不再繼任總統」、「台灣不能也不會有軍事統治」的宣示，但是在既有的權力結構下，沒有多少人相信，台灣人會是蔣經國安排權力接班真正的對象，或是即將主導台灣未來的政局；而蔣經國晚年一些改革措施能否繼續推動，也成為各界很大的疑問。李登輝環顧四周，雖然民間充滿了期待，但是體制內卻到處充滿了敵意，國民黨保守勢力在國民大會、在立法院擁有絕對的多數，其中還有在軍中擁有絕大權力的人。

不論如何，李登輝的就任總統，對台灣而言，不僅意味著首度不是由蔣家的人當總統，也是土生土長的台灣人第一次能登上總統的寶座，這是「中華民國台灣化」的另一個階段。表面上，因為憲政制度的設計，國家元首轉由台灣人擔任，但隨後李登輝運用他的政治智慧，才能逐一地排除民主化的障礙，使憲政制度不只成為台灣民主化的象徵，更有機會發展為民主社會的基礎。

憲政改革的推動（一九九〇—二〇〇〇）

來到一九八〇年代，台灣自從開動了民主化轉型的列車以來，由於社會、經濟等各方面經歷了大幅的變化，非常體制的過時與不適，成為各界批評的焦點，動員戡亂臨時條款以及一些侵害人權的非常法規，成為諸惡法之首，欲棄之而後快。這時候台灣社會已經面對憲政結構與政治秩序亟須重整的問題，很自然地，憲法層次的爭議逐漸浮現出來，甚至於在地方性的選舉中，憲政革新的議題也被提起。雖然在「修憲」與「制憲」的主張之間，充滿了政治鬥爭的緊張過程，但由於朝野對當時憲法的功能、內容與變動方向，都進行高度的動員，形成了一次難得的「憲法時刻」，也對轉型中的台灣社會進行了一次難得的民主教育。

一、李登輝先生初期的改革策略和方向

李登輝充份掌握了這次空前的「憲法時刻」，回應全體社會改革的呼聲，謹慎選擇適當的憲政議題，結合在野人士與民間的改革聯盟，分階段逐期進行憲政體制的改造。

（一）策略和方向

李登輝長期都在思考如何改變台灣的政治僵局，但初期的策略則首先是不必操之過急。因為繼任總統，不方便進行大幅度的改革動作，先求穩定；代理主

席，在黨內也根本沒有實權。而當時國家機器的運作，基本上是要由黨組織來發動，政策的執行也要黨的背書才行。所以李登輝在執政的最初兩年，選擇遵行蔣經國的政策，謹言慎行，避免引起保守派激烈的反彈。

其次，一定要利用國民黨的力量進行改革。國民黨雖然充滿矛盾，缺乏民主的精神和本土的關懷，但它是政治體系裡最大的行動者，支配龐大的資源，沒有它的力量抑注，也無法順利推動民主化；蔣經國晚年也是利用自己黨內的威權，來調整國家的走向。李登輝思考在推動國家制度的正常化和民主化的同時，可以尋求適當的時機解決國民黨本土化、黨國體制和龐大黨產所引起的社會公義的問題。

再來是結合社會各界的力量，將台灣人民適時的引進改革的藍圖中，譬如召開體制外的「國是會議」（後來還有跨黨派的「國家發展會議」），聽聽社會各界各階層的聲音，藉以擴大社會基礎，形成改革的共識，以面對保守派和反對派的夾擊。

當時最關鍵的問題則是所謂的「法統」，也就是「萬年國會」，和「臨時條款」的問題。李登輝認為，臨時條款促成軍事的獨裁政權，間接形成黨國體制，雖然方便政治強人的統治，應該也有利於初掌權力的他在未來的施政，但這違反了他的治國理念，因為只要臨時條款存在一天，台灣的民主化就無法落實。他當時也了解到，所有針對「法統」的辯護，不管是法源上的根據、哲學的思辯，都是在設法維護現行的「中華民國」體制而已，不是在進行真正的改革。所以蔣經國去世後，李登輝接下總統大位，他進行的改革方向很明確：先解決掩護強人統治的臨時條款和法統問題，再進行憲法本身內容的調整。

（二）體制內漸進的改革路線

他的做法也不是一次用革命的方式處理，而是一項一項逐步的解決，這就是一些學者所謂的「分期付款式的民主改革」，其實也就是體制內漸進的改革路線。譬如，大家都希望憲法要改變，但不管是制憲或修憲，都必須先廢止臨時條款。但誰才能終結臨時條款？依照當時的體制，一定必須運作國民大會代表開會，否則必須要有體制外的「制憲會議」。後者對於國民黨內部，根本是匪夷所思，而對初掌權力的李登輝而言，則恐怕是寸步難行。李登輝了解，若是能夠重新制憲，一下子問題就解決了，但若要全部修改憲法，可能要花好幾年的爭論，引起更多的政治動盪；那時候的意見是修憲比較可行，有修改總比沒修改好，所以，還是以可行性為最大考量。

然而弔詭的是，國民大會是「萬年國會」的成員之一，本身就是臨時條款的受益者，如何要求「資深民意代表」廢除臨時條款，自絕生路。此時就是要體察民意，呼應社會的要求，以體制外的、但是符合國民主權、民主憲政精神的力量，來淘汰違反時代潮流的政治怪物，同時壓制黨內反改革的勢力。

另外，李登輝也運用總統府的「國家安全會議」，當時國安會還未法制化（其組織法在一九九三年十二月三〇日才公布），卻是一個能夠有效提供情報、統籌指揮行政系統的機關。譬如一九八八年三月二日，李登輝主持國家安全會議，通過了推動資深民意代表退職的決議，再交由行政院院會研擬「第一屆資深中央民意代表自願退職辦法」草案，翌年年初，立法院三讀通過「第一屆資深中央民意代表自願退職條例」，啟動第一波的國會改革。

總之，李登輝雖然了解在舊國民黨體制內進行改革的限制，甚至很多擬定好的改革方案，最終都無法付諸實現，但他仍選擇在既存的憲政架構下進行改革，因此使舊政權的支持者不至於將改革視為對現行秩序的否定而強烈反彈，而且爭取到舊政權的挑戰者將這種改革視為建立新秩序過程中必要的一步，而不是舊秩序的延續，進而擴大了改革的結盟對象和群眾基礎，增加了改革成功的機會。誠如學者林佳龍所言：「李登輝可以說是個務實的民主派，……具備了駕馭民主改革所需的關鍵能力，包括善於設定議題，形成聯盟，選擇行動的時機，運用體制內的資源，操作正當性的論述，以及在交錯的多重矛盾中平衡前進。」（林佳龍，〈政治領導與民主化〉，李總統主政十二年與台灣的成就研討會發表論文，二〇〇〇年五月十八日）李登輝自己則把這種改革稱為「寧靜的革命」。

二、第八任總統任內的修憲過程

一九八九年初立法院所通過的退職條例，雖然研擬的退職待遇十分優渥，但由於是「自願」，對所謂的「老賊」並無約束力，改革成效不夠彰顯。有些老委員、老代表甚至抗拒退職，並且醞釀抵制李登輝，擴大成為黨內的權力鬥爭，因此在一九九〇年第八任總統選舉之際，爆發了所謂「主流派」與「非主流派」的「二月政爭」。

國民黨內發生「二月政爭」的結果，引發三月學運的發生，抗議國民大會濫權。到了三月十八日，學生們在台北中正紀念堂展開大規模的靜坐抗議行動，提出四大訴求：解散國民大會、廢除臨時條款、召開國是會議、擬定政治經濟改革時間表；他們並發起「全民逼退老賊簽名運動」，要求總統直選，加速民主改革。民主進步黨、社會運動人士、各大專院校和學術機構的教授學者，也紛紛加入抗議的行列。

李登輝當選第八任總統的當天晚上（三月二十一日），立刻在總統府接見學生與教授代表，應允召開「國是會議」，儘速解決學生的訴求。李登輝隨即指示勾畫國是會議的召開，也在四月二日首度以總統的身份，邀請最大反對黨民主進步黨的主席黃信介到總統府，商談有關憲政體制、政黨政治的問題。另一方面，朝野立委共同提案（四月三日）要求大法官會議重新釋憲，以解決資深中央民代的問題。在國是會議開幕前夕，六月二十一日，大法官會議通過了二六一號釋憲案，明令資深中央民代應於一九九一年十二月三十一日前終止行使職權，等於兌現了李登輝終結萬年國會的承諾。

（一）召開國是會議

在李登輝會見黃信介主席隔日，國是會議籌備委員的名單立刻對外公布，而且從舉辦地方座談會開始，從下而上，層層匯集人民的意見，做成紀錄，最後再召集在野黨代表、民間人士、專家學者齊聚一堂，以討論國家未來施政的方針。

一九九〇年六月二十八日，國是會議在台北圓山飯店正式開幕，可以視為李登輝展開修憲工程的準備會議。他邀請了朝野各界一百三十位代表，就國會改造、地方制度、中央體制、憲法（含臨時條款）修訂、「大陸」政策與兩岸關係等五項問題，展開討論與對話；會中也討論了將來總統選舉的方式。會議為期七天，最後結論有共識的部份，最重要就是「一機關、兩階段」的修憲原則，另外「老民代退職」、「總統及省市長民選」等原則，包括在一九九一年選出第二屆國代（修憲國代），同年底全部的資深中央民代完成退職，在一九九六年完成修憲工程，改選第三屆國大代表，以及民選第九任總統等結論。會後不久，為了準備第一階段的修憲工作，朝野政黨也都成立了任務編組，李登輝指示國民黨成立「憲整改革策劃小組」（七月十一日），民進黨中常會則通過設立「制憲運動委員會」。

這個修憲工程初期的時間表，雖然因為現實的政治因素，各項目標的達成和預期的時間都有些落差，但國是會議的召開，其實非常符合李登輝改革的構想。後來他在許多場合都曾提到，民主化最重要的意義就是聽取人民的心聲，配合民意去做事，而不是侷限在權力核心內去思考問題，尤其要拋棄政黨的私心，國是會議這種全民政治協商的型態，等於把國政改革攤在桌上公開討論，藉此匯集人民的意見。這種民主化的理念，一定會與國民黨既得勢力者的利益產生衝突，難免引起國民黨內反對和批判的聲浪，但是他仍相信，推動改革的最大力量還是人民的聲音。

（二）第一次修憲會議

第一次修憲在一九九一年的四月間進行，為期兩個星期，主要的議題在於賦予「國會全面改選」的法源，以重建國會的民主代表性；也就是設法使原先中國大陸地區選出的中央民意代表退職，由而台灣地區，亦即中華民國統治權實際所及的地區，重新選出代表，以回應國內外對國會四十年不全面改選的民主代表性的強烈質疑。除此之外，最主要是廢止「動員戡亂時期臨時條款」，研擬兩岸關係的相關法案，國家安全會議等機關的法源問題。

這次修憲通過增修條文十條，同時也廢除了「臨時條款」。會後不久，一九九一年四月三十日，李登輝宣告從五月一日零時起終止「動員戡亂時期」，這是台灣繼一九八七年解除戒嚴令之後，第二件重要的政治鬆綁動作。終於，這些長期使台灣與中國形成內戰態勢的法律體系失效了，也等於承認了中華人民共和國的建國，台灣開始有一個成為正常國家的機會；李登輝也開始嘗試以「分裂國家」的概念，來定位台灣和中華人民共和國的關係。

但是廢止臨時條款，乃是為了配合李登輝終止「動員戡亂時期」的宣告，憲法原本的內容並沒有實質的改變。而且因為第一屆國大代表的代表性不足，由他們修憲的正當性受到質疑，朝野有共識要讓較有正當性的第二屆國民大會來行使修憲權力，所以於憲法第一次增修條文第六條，明訂新的國民大會應該集會和修憲。

但是正在終止「戡亂」的同時，調查局逮捕了四位參加史明的「獨立台灣會」的青年學生，造成一件解嚴以來嚴重侵犯人權的政治事件，因此學運團體與社運團體再度匯集，走上街頭抗議，要求政府廢止「懲治叛亂條例」和刑法一百條。在社會輿論持續的關注與施壓下，立法院終於在六月廢除「懲治叛亂條例」，隔年五月修正刑法一百條，刪去該條文中有關「預備或陰謀」內亂罪的規定，使台灣的人權獲得進一步的保障。

（三）第二次修憲會議

李登輝在這次修憲過程中的態度主要是，既然第一次修憲已經使一九四七年憲法恢復正常了，也在一九九一年年底選出了第二屆國大代表，那就由比較有民意基礎的第二屆國大代表來進行第二次修憲，比較符合台灣的立場，也才能進行真正的修憲。

第二次修憲會議在一九九二年三月二十日開幕，由第二屆國民大會舉行臨時會的方式來進行，為期兩個月，主要爭議在總統的任期及選舉方式的變更、地方自治的法源等。對於這些問題，不僅朝野國大代表的歧見很深，國民黨內部對於總統選舉的問題，也是壁壘分明。但因為國民黨掌握超過四分之三的席次，等於掌控了整個修憲作業，而且國大代表一再擴權，導致在野國代兩度退席抗議；民主進步黨甚至發動各界進行「四一九大遊行」，主張「總統直接民選」。

雖然總統選舉方式等關鍵問題沒有產生結論，第二次修憲會議仍在五月二十七日三讀通過了國民黨版本的八條增修條文，包括更改總統任期為一任四年，連選得連任一次；其中最重要的是，確立了省長和直轄市長民選的制度，並在一九九四年十二月三日舉行首屆的台灣省長和北、高兩直轄市長的選舉，落實地方自治，促使各級政府的民意代表性獲得全面的強化。

（四）第三次修憲會議

第三次修憲會議在一九九四年的五月份舉行，主要的議題就是第二次修憲會議中沒有解決的「總統選舉方式」。之前，國民黨中常會通過成立「修憲策劃小組」（一九九三年十二月二十二日），李登輝請副總統李元簇擔任召集人，研究「委任直選」與「公民直選」兩項議案，最後提交國民黨中常會決定。但當時李登輝的態度已經很堅定，要採取「公民直選」的方式，因為國會議員都已經是人民選出來了，國會的民主代表性已經建立，若總統改為直選，代表的就是行政權民主代表性的強化。他認為反對這個案子的人，就是想利用國民大會，認為只由這些國民大會代表來選總統，比較好控制選舉，而不要讓大多數台灣人自己投票決定誰是國家領導人。

一九九四年四月，在李登輝的堅持下，國民黨十四全臨中全會通過總統直選案。接著他立刻咨請第二屆國民代表大會召開為期兩個月的第三次修憲會議，而在七月二十九日通過把前二次修憲的共十八條的增修條文整理修正為十條，其中最重要的變革，是確定了公民直選總統的制度，採相對多數決的方式。這項台灣政治史上巨大的變革，落實了國民主權的理念，也是前三次修憲最具體的成果之一。

表一：第八任總統任內的修憲成果

會議名稱	修憲議題	會議時間	修憲結果
第一次修憲（第一屆國代第二次臨時會）	（由國民大會修憲） 主要議題： 1.國會代表性危機的解決 其他議題： 2.兩岸關係法案 3.國安會等的地位	1991.04.08-04.22 （完成三讀）	通過十條憲法增修條文，並廢止動員戡亂時期臨時條款： 1.賦與國會全面改選的法源 2.應制頒兩岸關係的法案 3.應制頒國安會、國安局、人事行政局等機關的組織法
第二次修憲（第二屆國大臨時會）	（由新國會修憲） 主要議題： 1.總統任期的變更 2.總統選舉方式 3.地方自治法源 其他議題： 4.國大職權的變更 5.司法、考試、監察三院成員遴選方式	1992.03.20-05.27 （完成三讀）	通過八條增修條文： 1.總統任期：一任四年，得連任一次 2.總統選舉方式：由中華民國自由地區全體人民選舉之（方式未定） 3.賦與地方自治法源：台灣省政府改置省長，由省民選舉之；直轄市長民選 4.召開國大年會，聽取總統國情報告，提供國是建言；第三屆任期改為四年 5.司法、考試正副院長、大法官、考試、監察委員由總統提名，國民大會同意
第三次修憲（第二屆國大第四次臨時會）	主要議題： 1.總統選舉方式 2.行政院長副署權 其他議題： 3.國大職權的變更	1994.05.02-07.29 （完成三讀）	通過將前二階段十八條增修條文整理與修正為十條： 1.總統直接民選，採相對多數決 2.縮小行政院長副署權 3.增設國大議長、副議長，定期集會

三、第九任總統任內的修憲過程

李登輝在第八任總統任內終結了威權體制，卻尚未使他的政府真正具有民意基礎。直到一九九六年三月二十三日，台灣舉辦首次的總統直接選舉，李登輝以五八一萬餘票，五十四%的得票率，當選第九任總統，終於正式開啟民意政治的時代。

李登輝在就任第九任總統之後（一九九六年五月），發覺憲政工程仍有幾項的問題，舉例說：（一）地方自治雖然有了法源，但不能解決四級政府疊床架屋的問題。試想，小小的台灣，架上中央、省（市）、縣（市）和鄉鎮四級行政層級，而且中央政府和台灣省政府有效統治的領土有高度重疊，這將導致國家資源的浪費，行政效能的降低，和分配不均的問題；（二）政府體制調整的問題。隨著總統民選，國民大會的職權產生變化，中央政府的組織和職權有再釐清的必要。

在憲法外部形式和修憲程序的問題，則有：（一）憲法還是一九四七年那部外來的「異質」憲法，維持著「大中國」的觀念，不符合台灣的現狀；（二）前三次修憲始終有國民黨一黨修憲的質疑；（三）國民大會代表利用修憲的獨占權，一味的自我擴權，造成憲政體制紊亂，也與社會的期望落差太大。於是展開第二波的修憲。

（一）召開國家發展會議

第一次憲改之前，總統回應三月學運的訴求，召開國是會議，就憲改的方向進行國民大會修憲程序以外的先行討論，並以書面形成共識。這種體制外的會議前導模式，在第四次修憲前再次被引用，而且這次具有高度的政黨協商。由於國民黨在第三屆國民大會未取得四分之三的絕對多數，已經喪失一黨修憲的主導權，必須尋求與其他政黨合作，而李登輝把自己定位為超然於黨派的國家元首，邀請朝野代表及各界賢達集會，也能彰顯他民選總統的形象。

一九九六年十二月二十三日，李登輝召開超黨派的「國家發展會議」，討論憲政體制、經濟發展、兩岸關係等三項議題；會議共舉行六天，等於是第二波修憲工程的準備會議，其重要的意義，表現在執行長黃昆輝在會前所說的：「沒有法律強制力，但有政治拘束力」。

會議最後達成一九二項共識，其中最重要的共識是確立「省虛級化」等原則，凍結省長以及省議員的選舉，省長改為官派的省主席（省政府和省議會後來均改為行政院的派出機關）；其他例如，取消立法院的閣揆同意權，強化立法院的職權，停止鄉鎮市長選舉以改善選風，停止國大代表選舉改由政黨比例產生等幾點結論，強烈展示李登輝在獲取強大的民意認同後，大力改革的決心。

（二）第四次修憲會議

第一次修憲會議以後的憲改工程，乃在追求國是會議結論的「憲法化」，所以李登輝在國家發展會議閉幕後半年，即籌畫第四次修憲會議的召開，主要就是處理國家發展會議的結論如何落實。此時由於台灣已經邁入民選總統的時代，經歷中共武力的恐嚇，又面臨「香港九七大限」的問題，朝野主流黨派均強調憲法的時代性，偏向功能取向的配套改革，所以期待藉由憲法的結構性興革，彰顯國家跨時代的意念，凝聚國民的意志。因此這次修憲，具有強化國家對外主體性的作用。

一九九七年七月十八日，李登輝召集第三屆國民大會舉行第二次會議，進行第四次修憲會議。相較於前三次的憲改均由國民黨一黨主導，這次會議過程中，國民黨與民進黨首度表現高度合作的意願，分別透過權威領導貫徹兩黨的協議。尤其在「省虛級化」方面，雖然主要是民進黨等在野力量的意見，但李登輝也考量到，小小的台灣卻需要四級行政機關來運作，人民要由四個政府來管，若不整頓一下不行。但由於各方勢力的折衝，最後只達成「精省」的原則。

另外是調整中央政府的體制和權責，建立傾向總統制的「雙首長制」。但因這次憲改含納的議題十分廣泛，國發會的許多結論無法在有限的修憲會期內落實，尤其公投入憲和總統選制無法達成共識，單一國會的變革和凍結鄉鎮市長選舉也沒有處理，已經預約了下一次（或多次）的憲改。

（三）第五次和第六次修憲

這兩次修憲期間，由於台灣正在進行二〇〇〇年總統大選的激烈競爭，一九九九年九月又發生九二一大地震，李登輝忙於助選和賑災，對修憲議題比較沒有具體的規劃。而國民大會則在第三屆國代企圖自我擴權，國代自主性提高，國、民兩黨對國大代表控制性降低的情形下，自導自演了一齣「延任」的修憲鬧劇。

一九九九年九月四日國民大會通過的第五次憲法增修條文，內容主要圍繞在國大職權的變更，實際上是自我擴權。由於第三屆國大通過決議延任至二〇〇〇年六月三十日，與當時社會反對延任、期望落實單一國會等的憲政規劃不符，遭致各界的抨擊，引起憲政危機。在社會輿論壓力下，大法官會議在二〇〇〇年三月二十四日通過釋字四九九號解釋文，以「有違修憲正當程序及逾越修憲界限」為由，認定第五次憲法增修條文失效。於是各黨國代趕緊連署，於同年的四月八日召開第三屆國大第五次臨時會，並立刻在四月二十五日三讀通過以「國大虛級化」為主要內容的第六次憲法增修條文。

影響台灣修憲機制運作的根本性障礙，乃來自於原來憲法的設計，就是由國民大會獨占最後的修憲權，使得國民大會可以藉由國家的憲政危機坐大，導致憲政體制的紊亂、權力分立和制衡機制的失靈。這一波的憲法改革，藉由釋憲和修憲兩軌進行，完成任務型國代的設計，促成國民大會的虛級化，也完成第一次修憲以來將國會的「民主正當性」合理化的任務，將台灣的政治運作推向一個嶄新的階段。

表二：第九任總統任內的修憲成果

會議名稱	修憲議題	會議時間	修憲結果
第四次修憲（第三屆國民大會第二次會議）	主要議題： 1.中央政府體制的調整 2.總統選舉方法 3.省自治問題 其他議題： 4.公投入憲 5.凍結國大代表、鄉鎮市長選舉 6.教科文預算下限及大法官任期等	1997.07.18（完成三讀）	修正相關條文： 1.「雙首長制」的建立（取消立法院閣揆同意權、增加立法院倒閣權、總統可解散立法院、立院席次增加為225席、取消會期外的不逮捕特權） 2.總統選舉方法無結論 3.省虛級化（凍結省級選舉） 4.無結論 5.無結論 6.取消教科文預算下限；大法官任期縮為八年，不得連任
第五次修憲（第三屆國民大會第四次會議）	主要議題： 1.國大延任及選舉問題 其他議題： 2.立委任期問題 3.其他	1999.09.03（完成三讀）	修訂相關條文： 1.第三屆國大延任至2000年6月30日；自第四屆改為政黨比例代表制，依立委選舉票數選出 2.第四屆立委延任至2000年6月30日，自第五屆起任期改為四年 3.國大婦女保障名額
第六次修憲（第三屆國民大會第五次會議）	主要議題： 1.廢除國大案 2.國會職權調整 其他議題： 3.總統提國情報告 4.大法官待遇	2000.04.08-04.24（完成三讀）	修訂相關條文： 1.國大虛級化，改依比例代表選出 2.國民大會三權移轉立法院 3.總統改向立法院提國情報告 4.取消大法官終身優遇

四、李登輝先生的堅持

李登輝在一九八〇年代末期開始執政之後，充份掌握了那次的「憲法時刻」，逐步推動他的憲改計畫。一九九一年，他透過首次修憲，先廢止了「臨時條款」，解除了國民黨建立非常體制的法律根據；接著又宣布終止「動員戡亂時期」，進而落實民主化的上層架構，包括國會的全面改選和改造、調整政府的組織、賦予地方自治的法源等。同時確立台灣的主體性，凝聚台灣命運共同體的意識。

依照李登輝的想法，其實這些改革措施都是依照一九九〇年當初「國是會議」時所列出的議題，但是國民黨內依舊認為「黨就是國」，可以說「黨國體制」的觀念還是根深蒂固。譬如「動員戡亂時期」的說法，李登輝認為就彷彿是統治者的保護傘和護身符，藉此可以用各種方法，像以「臨時條款」凍結憲法部份條文，永久統治台灣，如此，總統可以做到老死，國會也不必改選，這些都是當時既成的事實。他決心致力改變這種現象，包括後來廢除人民覺得可怕的「懲治叛亂條例」和「檢肅匪諜條例」，修改刑法一百條，讓大家有真正的言論自由，讓人權自由獲得確切保障。

又譬如說總統選舉方式，國民黨人還是認為在黨內選出就可以了，何必做出可能會把權力交給別的政黨的事？所以黨內多數人主張「委任直選」，打算沿襲以前國民大會「選舉人團」的方式，有效的控制候選人的提名機制，在既有的權力結構下贏得每次的總統大選。但是李登輝認為這是舊時代的思維，他了解到現代國家的理念是「國民主權」，統治者應該與被統治者合一，統治者的權力也來自於國民的授權，人民才是總統的「頭家」。

李登輝相信在過去十二年中所做的、所堅持的事情，簡而言之，就是民主化與本土化，若是沒有老百姓的力量支持，是沒辦法完全實現的。要進行改革時，國民黨內反對這種改革方向的力量很大，在國民大會、立法院中也有絕對的影響力。但是推動改革的最大力量還是人民的聲音，他甚至認為人民的聲音是當時最大的一種勉勵，很多以知識份子為中心的民間聲音，支持他在立法方面、修憲方面能有所改革，這就是一九九五年他在美國康乃爾大學演講時所強調的「民之所欲，長在我心」。

他也認為，民主化和本土化是造成台灣改變的最大動力，民主化就是讓所有的老百姓享有權力，掌握主權，因此民主化和本土化是一致的，兩者密不可分。所以他一直堅持，民主化必須徹底，本土化才能達成，台灣這片土地才能進一步發展。而只有在民主自由的社會中，社會公義、思想精神的改革與發展才有可能，如果沒有政治民主，司法改革、教育改革就不能實現。

在李登輝執政的十二年間，為了推動改革，裡裡外外的問題可以說是堆積如山，每天都有不同的鬥爭與對抗，只要踏錯一步，改革的步調都會打亂。所以他形容當時的情況好像在走鋼索一樣的危險。這樣重大徹底的改變，對任何一個特定的、發展中的政治社會而言，無疑具有「憲政革命」的本質，而且又是在沒有流血的狀態下完成，所以也是另一種珍貴的台灣經驗。

民主化的成果

所有國家的權力，包括統治者執政的權力，必須來自全體國民，這是現代民主政治「國民主權」的基本原理。所有現代國家各項權力的運作，也都規範在該國的憲法條文或者憲政慣例中，所以憲法的效力也必須來自全體國民的認可。由這點看來，一九四七年公布的「中華民國憲法」，乃在倉促之間由政黨協商而成，又因為隔年制定的「動員戡亂時期臨時條款」導致部份重要條文失效，始終未符合台灣全體民眾的需求；而臨時條款構成的非常體制，乃是以強人意志為依歸，根本和以「國民主權」為基礎的民主政治背道而馳。

李登輝開啟的台灣民主化過程，主要就是在落實國民主權的觀念。他認識到「民主化」的主體是人民，一個特定社會的全體人民，是否認識自己國家的歷史，對自己生存的環境和有何感受，是否支持自己國家的政策走向，如何推動政經制度的變遷，必須透過人民的自覺，凝結主體意識和主流民意，以作為民主化的動力。他就任之後，先是初步地清理憲政體制的違章建築，繼而以台灣全新完整的民意將政治上層結構加以法制化，進而調整政府的組織，改變國民黨的體質，進行歷史的平反和改善人權的狀況，終於使得社會更為符合公平正義的原則。

李登輝推動民主化的主要成果是：

一、終結黨國威權體制

終結黨國威權體制，是李登輝初期最重要的憲政成就。他先清理了台灣憲政體制的許多違章建築，而陸續表現在憲政方面的改革，包括終結萬年國會、完成國會全面改選、宣布廢止動員戡亂時期臨時條款、開放省市長民選、完成總統全民直選、國民大會「虛級化」等等一系列措施，完成了和平的、寧靜的憲政變遷。

一九九一年四月三十日，李登輝宣布廢止動員戡亂時期臨時條款，擱置不切實際的「反攻復國」的責任，使台灣離開國、共內戰的糾葛，回歸正常的憲政發展。李登輝認為，臨時條款的內容，就是為了要用武力來對抗中國共產黨，所以必須實施國家總動員的體制，因而間接促成軍事的獨裁政權，形成「黨國體制」。反過來說，只要臨時條款存在一天，不放棄動員戡亂，台灣的民主化無法落實，與中國大陸的關係無法改善，國家無法正常發展。

一九八〇年代末期反對運動主張國會全面改選的風潮漸成氣候，同時李登輝也開始在國民黨內奉命推動憲政改革，推動「資深」民意代表的全面退職。一九九一年十二月三十一日，萬年國會終於走入歷史，在國會完成全面改選之後，讓民意代表真正與台灣的民意結合。而李登輝宣布廢除臨時條款後，由全新的國民大會進行修憲工作，讓台灣的國民主權，可以逐漸用新的民意所凝結起來的憲法意識和憲法精神來獲得實踐。

隨著修憲的進行，一九九二年八月一日，所有動員戡亂時期的法律宣告廢止，象徵黨國威權體制的統治工具的警備總部終於被裁撤。一九九三年後，立法部門陸續完成國家安全會議、國家安全局、人事行政局等機關的法制化之外，也規範情治單位的角色和功能，未來國家安全局也將謹守情治分立的原則，專責執行國家情報的蒐集和彙整，而將治安工作歸諸行政部門。

二、開啟主權在民的新時代

除了完成國會全面改選，落實國民主權的精神，李登輝後續的改革工程，也逐漸將許多政治權力釋回民間，建立起民意對一般行政措施的制衡力量，進而使民意能夠真正參與決策過程，成為解決一切政治問題最後的依據。

（一）一九九四年十二月三日，開放省市長民選，實現地方自治，將權力下放到地方，提高民主自治的精神。

（二）一九九六年三月二十三日，實現總統直選，使全體台灣人民能夠選擇自己的國家領導人，真正有當家做主的感覺。等於透過公民直選總統的設計，有效的凝聚了台灣人民的主權意識，使得國家權力直接由人民授權的精神得到體現。

（三）最後促成政黨輪替執政，協助政權和平轉移，促使台灣人民認識到，必須擔負起自己的歷史責任。

總之，李登輝的憲政改革，開啟了台灣「主權在民」的時代。因為他相信改革最大的動力來自民間，而台灣民主化必然走向與台灣本土所有人民緊緊的結合。因此，李登輝卸任後仍然主張，應該繼續進行國會改造，依據憲法第十七條「參政權」的規定，把「創制」與「複決」兩權還給人民，或是透過「公民投票」行使「直接民權」，讓台灣全體人民制定出適合台灣的憲法，以解決過去六次修憲所面臨的困境。

三、政府組織的改良

完成憲政改革、憲政運作的正常化，接下來的重點就是調整政府（尤其是中央政府）的組織，以便合理化國家資源的分配，精簡人事，提高國家的國際競爭力，這包括三方面：（一）從一九九六年召開國發會開始，推動「精省」等政府改造工程，簡化公文作業流程，以提高政府行政效率和國家競爭力；（二）持續進行國會的改造，將國民大會「虛級化」，形成以立法院為中心的單一國會，讓政府職權的分立與制衡獲得更明確的規範；（三）啟動中央政府組織的改造，除了完成「國家安全會議」等機關的法制化，規範情治單位的角色和功能之外，調整總統與行政院之間、五院（尤其行政與立法）之間、中央各部會之間的職權，以更符合台灣現況的需要。另外政府從一九九五年開始實施全民健保、農民保險，逐漸落實福利國家的理想。

除此之外，與憲政改革同時進行的一項政治工程，就是「軍隊國家化」的問題，這項工程的困難度不亞於憲政改革，雖然涉及的法律位階沒有憲法這麼高，但影響的層面很廣。李登輝常常在想，如何把「黨國體制」下的軍隊與「黨」割離，而成為國家的軍隊，有明確的制度來規範人事的調度，不能老是由一些特定的人把持，而且要廢除「政工制度」，建立現代的軍政軍令體系。李登輝始終把這項改革視為推動台灣民主化不可忽視的工作之一，否則台灣的民主化沒有指望。

一九九三年十二月十四日，立法院三讀通過「人團法」修正案，明定政黨不得在大學、法院、軍隊中設置黨團組織，使我國軍隊國家化的目標邁出一大步。到了二〇〇〇年，「國防部組織法」與「國防法」終於修正通過，國防二法也從二〇〇二年三月一日正式實施，落實軍政與軍令一元化的目標，確立總統的統帥權。

四、國民黨的台灣化

李登輝的目標是退去國民黨革命民主政黨的屬性，廢除民主集權制，去除「列寧主義」式的組織原則，與台灣的現實緊密結合，並建立公平開放的政黨競爭關係，健全政黨政治。

剛剛代理國民黨黨主席時，許多人仍不相信李登輝可以領導這個來自於中國鬥爭歷史的列寧式政黨。因為在蔣經國強人過世之後，黨的核心成員大多數還是主張「集體領導」，他們盤算著如何讓李登輝只是當個虛位的共主，在結束「代理」之後，他在黨內的領導權，也就是國家的實際領導權，仍將回到既有的保守勢力手中。

事實上，「民主」的內涵與「革命」、「集權」是互相衝突的，今天我們很難想像一九五〇年國民黨在台灣進行改造時，竟然可以將黨的性質界定為「革命民主政黨」，又把組織原則定為「民主集權制」，而不會把黨員弄得人格分裂？

因為那時候其實是「領袖至上」的強人時代，強調黨員的服從和忠貞。革命和極權才是真的手段，民主只是個幌子。

到了李登輝的時代，國民黨才產生本質上的改變。一九八八年七月，國民黨召開第十三次全國黨代表大會，國民黨內部為了推選主席，發生「起立派」和「票選派」的爭議，最後以起立鼓掌的方式，通過李登輝成為正式的黨主席。確定李登輝的時代開始後，國民黨首次以票選的方式產生那一屆一百八十位中央委員的名單，中央委員會三十一個的成員裡面，台籍人士占了十七人，超過半數以上。之後，李登輝決心加速黨內運作機制的民主化，然後則以實際的政策施做，導引國民黨走向本土化。

一九九三年八月十六日，李登輝主持下的國民黨第十四全國代表大會，首次改由黨代表票選黨主席，並宣示將政黨屬性改為「民主政黨」，所以李登輝說是「國民黨老店新開了」。

但李登輝認為，國民黨政府畢竟是外來政權，若要跟台灣緊密結合的話，就需要改變內部的政治形勢；既然國會是經過全民定期選舉選出，台灣人也已經可以自己選總統，國民黨若想要執政，台灣化是唯一的道路。但是國民黨的台灣化不是蔣經國時代大量起用台灣人擔任黨職而已，否則在許多年前，大量台灣人成為新進國民黨員，從成員的出身就已經台灣化了。關鍵在於這個黨的政策取向是否以台灣為優先，是否真正替台灣人民著想。

所以說，國民黨若要「台灣優先」，必須去「中國」的屬性，落實為「台灣國民黨」。

可惜的是，對於國民黨許多來路不明的黨產，和黨營事業等不正當獲得的資產，以及至今仍殘存在政府各正式部門（尤其是軍政）的組織和活動，李登輝並未即時的加以徹底的改革。國民黨也失去一個改革的契機。

五、歷史的平反與人權的維護

廣義的民主化，不僅包括國家機器民主正當性的鞏固，也兼容市民社會等非正式機制的民主實踐，其中最具指標意義的，就是政治參與機制的民主化。如何在政治生活中落實國民主權的規範理念，其實才是政治民主化的基本關懷所在。

政治生活的民主化，要有開放自由的環境配合，也要解除歷史記憶和對參與公共事務的恐懼感。過去，台灣人不敢大聲說出自己的主張，害怕承擔自己的歷史責任，主要是活在過去慘痛的歷史陰影下。所以，為了終結「白色恐怖」的時代，李登輝在開啟憲政改革的同時，也動員立法院首先通過廢止「動員戡亂時期檢肅匪諜條例」、「懲治叛亂條例」等非常時期的法規。

一九九〇年五月，他剛就任第八任總統時，立即宣布以特赦的方式，釋放美麗島事件的最後受刑人施明德及許信良，並恢復姚嘉文等人的公民權。接著他指示行政院成立一個專門小組，開始處理「二二八事件」的平反工作。一九九一年一月十八日，行政院成立「研究二二八事件小組」，展開官方的第二次調查工作，並決定一年後完成研究報告；同年三月四日，李登輝在總統府接見「二二八事件」受難者家屬代表，表示政府將徹底化解二二八事件，為弭平歷史的傷痛走出第一步。一九九二年二月二十二日，行政院「研究二二八事件小組」終於提出正式的調查報告書，而在一九九四年二月正式出版《「二二八事件」研究報告》。

一九九二年四月十三日，李登輝召集國民黨的黨政高層首長會議，指示於七月三十一日前完成刑法一〇〇條、國安法、集遊法與人團法的研修工作，強化人民的言論自由等基本權利的維護，也等於終結了白色恐怖的歷史。

一九九五年二月二十八日，李登輝出席在台北的「二二八事件紀念碑落成典禮」時，首度以國家元首的身份，為過去政府在處理二二八事件中的不當措施致歉；同年三月二十三日，立法院三讀通過了「二二八事件處理及補償條例」。一九九七年，政府明訂二月二十八日為「和平紀念日」；同年七月，李登輝公布大赦二二八事件受難者，為我國行憲後首次行使大赦。

台灣地區自一九四九年五月二十日起，至一九八七年七月十四日間宣告戒嚴，對在戒嚴期間之叛亂及匪諜案件中所發生冤、錯、假之個案受難者而言，是永遠難以忘懷的傷痛。解嚴以後，李登輝即認為政府應勇於面對歷史事實，以誠意負責的態度，努力化解歷史的悲情與族群的衝突。在第八屆總統任期內終結威權體制後，一九九六年他獲得全新的民意，高票連任總統，使得他的政府更有正當性進一步進行歷史的平反工作。一九九八年起，配合民間團體和立法委員的推動，他責成有關機關研擬法令，由法務部邀集司法院、國家安全局、行政院第一組、法規會，國防部、軍管區司令部等機關，考量當前民主政治生態及社會情勢，參酌外國實例，給予受難者適當之補償，終研擬完成「戒嚴時期不當叛亂暨匪諜審判案件補償條例草案」，經立法院於一九九八年五月二十八日完成三讀，同年六月十七日公布。

關於「黑名單」的問題，也在李登輝任內解決了。一九九二年六月十一日，立法院內政、國防、司法聯席審查會，依照立委陳水扁的提案，通過國安法修正案，廢除三原則與黑名單條款。七月，內政部在立法院院會宣布黑名單已經大幅度刪減，列註名單降至十人以下。不久之後，同年八月一日，所有動員戡亂時期的法律宣告廢止，警備總部被裁撤。原本因為主張台灣獨立或參與重大政治案件而遭國民黨政府通緝的海外同鄉，陸續的回到國內。一九九六年五月六日，一九七〇年「四二四事件」刺殺蔣經國案的主角黃文雄，在台大校友會館召開返台記者會，象徵了「黑名單」的人權迫害史已經寫下句點。

一九九九年十二月十日，歷經一年的整建，綠島人權紀念碑成立，李登輝親自出席致詞。這一連串的動作，顯示李登輝不僅要為台灣的歷史平反，也要突顯台灣人的主體性和精神。

台灣民主化的推動，主要的成果都在李登輝總統任內完成。由於李登輝的改革，政治氣氛的自由化，台灣人民的活力和創造力已經獲得釋放；李登輝親自推動的務實外交，不僅提高了台灣在國際社會的地位和能見度，也提昇台灣人的尊嚴。相信台灣人將更積極的扮演自己的歷史角色。

最重要的是，李登輝了解到，要落實改革，必須要將改革的主體回歸到台灣現狀，因此最早曾提出「中華民國在台灣」的概念，將中華民國的統治範圍限定在台澎金馬，並以此作為改革的範圍和基礎。李登輝最大的成就，在於他準確的掌握社會的需求與脈動，有效地領導了和平的民主轉型，造就了所謂的「寧靜革命」。這是舉世難得的歷史經驗，也是台灣民主化甜美的果實。

本文原載於《李登輝先生與台灣民主化》第二至四章

附錄六 李登輝先生重要記事

日期	大事記
1923.01.15	生於淡水三芝鄉埔坪村源興居
1929-1935	就讀汐止公學校，後因父親工作關係轉學南港、三芝及淡水公學校
1935.03	淡水公學校畢業，進入高等科就讀
1937	入台北國民中學，次年轉學淡水中學
1941	入台北高等學校，1943年8月提早畢業，10月1日前往日本京都帝國大學農學部農林經濟科就讀
1944.12	以學生身份編入日本陸軍
1946.04.01	入台灣大學農學院農業經濟系就讀
1947.02.28	二二八事件發生
1948.05.10	國民黨政府公布施行「動員戡亂時期臨時條款」。 05.20蔣介石就任第一屆總統
1949.02.09	與曾文惠結婚
05.19	台灣省政府、台灣省警備總司令部宣告自20日起全省戒嚴
08.01	自台灣大學畢業，並任農學院助教
1950.09.03	長子李憲文出生
1952.01	長女李安娜出生
03	獲中美基金獎學金，赴美國愛荷華大學研究所留學
1953.04	自美返台，任台灣省農林廳技士及經濟分析股股長兼任台灣大學農經系講師
1954.06.09	次女李安妮出生
1955.05	任台灣省合作金庫研究員，仍兼台大教職
1957.07	任聯合農村復興委員會（農復會）技士，兼台大副教授

日期	大事記
1965.09	獲美國洛克菲勒農業經濟協會及康乃爾大學聯合 學金，赴美國康乃爾大學修博士
1968.07.01	取得博士學位（論文題目〈農、工間資本移動問題——台灣個案研究，1895-1960〉） 返台任農復會技正兼台大教授。1970年升任農村經濟組組長
1969.06	遭警總約談十七小時後返家，訊問持續一週
08	博士論文獲美國農業經濟學會選為「年度最佳論文」
1971.10	加入國民黨
1972.06.02	出任行政院政務委員（兼農復會顧問），負責制定廢除肥料換穀制度以及加速農村計畫等重要農業政策
1973.07.01	行政院宣布十大建設計畫，李登輝負責其中的石油化學發展計畫
1976.11.17	當選國民黨第十一屆中央委員
12.09	行政院專技職訓小組召開首次會議，由李登輝召集主持
1978.05.20	蔣經國就任第六屆總統。06.09李登輝任台北市市長
12.15	美國總統卡特宣布將於1979.01.01與中華人民共和國建交，並將終止與中華民國的共同防禦條約
1979.12.10	高雄事件（美麗島事件）發生
12.14	首度當選國民黨中常委
1981.11.26	蔣經國總統發布內閣人事令，任命李登輝接任台灣省政府主席
1982.02.	台北地區防洪計畫之二重疏洪道正式全面開工
12.22	出版《台灣農業經濟論文集》三冊
1984.02.15	獲國民黨第十二屆二中全會提名為副總統候選人。03.22當選， 05.20就職
08.15	奉命處理假釋美麗島事件受刑人林義雄、高俊明事宜

日期	大事記
1986.03.31	國民黨十二屆三中全會閉幕，成立十二人小組，討論六項改革議題，李登輝擔任副召集人，後擔任總召集人
09.28	民主進步黨成立
1987.07.15	戒嚴令解除
09.16	擔任國民黨中常會「大陸政策專案小組」召集人，負責審議民眾赴中國探親問題的原則與意見，11.02開放至中國探親
1988.01.01	開放報禁，准許新報紙登記
01.13	蔣經國逝世，副總統李登輝依憲法規定宣示繼任第七任總統
01.27	國民黨中常會通過李登輝接任代理主席；07.08十三全大會選舉李登輝為國民黨主席
03.02	主持國家安全會議，通過訂定第一屆資深中央民代自願退職辦法；1991.12.16第一屆中央民代全數退職
1989.01.20	立法院三讀通過「動員戡亂時期人民團體法」
03.06	率團訪問新加坡，開啟務實外交
05.01	財政部長郭婉容率團至中國北京出席亞洲開發銀行22屆年會
07.01	農民健保實施
1990.01.04	我國以「台澎金馬關稅領域」名義向GATT（關貿總協）申請入會
03.14	第一屆國民大會審查「動員戡亂時期臨時條款」修正案時，通過擴權案，引起各界嚴厲批評
03.16	三月學運（野百合運動），學生提出四大訴求
05.20	就任第八任總統，表明修憲決心，頒布特赦令
06.28	國是會議召開，朝野達成總統應由人民直接選舉等的共識
10.07	國統會正式召開（李總統任主任委員），次年02.23.通過國家統一綱領，承認台海兩岸分處不同地緣的政府，是兩個不同的政治實體
1991.03.02	於總統府接見二二八受難者家屬

日期	大事記
04.22	第一屆國民大會第二次臨時會三讀通過中華民國憲法增修條文，並廢止「動員戡亂時期臨時條款」，完成第一階段修憲任務
04.30	宣布動員戡亂時期於隔日零時終止
07.01	國家建設六年計畫開始實施
07.08	公開表示台灣願意暫時接受「雙重承認」
10.13	民主進步黨把台灣獨立列入黨綱
1992.02.23	行政院研究二二八事件小組之《二二八事件研究報告》出爐。 02.28總統府舉辦二二八紀念音樂會
05.15	立法院通過「刑法」第一百條修正案，排除思想叛亂入罪
05.27	第二屆國大第一次臨時會通過八條增修條文，完成第二階段修憲
07.16	立法院通過「台灣地區與大陸地區人民關係條例」
08.01	「國家安全法」修正，大幅解除黑名單，裁撤警備總部
09.29	GATT受理我國以「台澎金馬關稅領域」名稱申請入會案
11.07	金馬廢止戰地政務，實施地方自治
1993.02.27	郝柏村內閣總辭，連戰內閣成立
03.17	在中常會提案將黨營事業管理權由財務委員會劃出。06.16「黨營事業管理委員會」正式成立
12.30	立法院通過國安會、國安局組織法
1994.01.10	行政院公布六年施政目標，以參與國際組織、「南向政策」為首
02.09	前往菲律賓、印尼與泰國進行為期八天的「破冰之旅」
02.20	台、菲合作開發的「蘇比克灣工業區」破土，南向政策跨出第一步
04.30	發表與司馬遼太郎的對談「場所的悲哀」，其中提到國民黨是外來政權及生為台灣人的悲哀
07.29	第二屆國民大會第四次臨時會進行第三階段修憲會議，通過第九任總統由公民直選等修憲條文

日期	大事記
12.03	行憲以來第一次台灣省首長與直轄市長選舉
1995.01.14	發表《經營大台灣》一書，揭櫫「經營大台灣，建立新中原」的治國基本構想
01.30	江澤民發表「江八點」；04.08李登輝發表「李六條」回應
02.02	WTO（世界貿易組織）通過我國為觀察員。 2001.11.11通過我國入會案
02.28	台北市「二二八紀念碑」落成，代表政府公開道歉
03.01	全民健康保險正式開辦
06.07	前往美國進行私人訪問，在母校康乃爾大學發表「民之所欲，長在我心」演説，這是我國元首首次訪問美國
07.18	中國宣布在台海試射導彈，隨後進行兩波導彈射擊
1996.03.05	中國宣布進行一連串軍事演習，試圖影響台灣總統大選
03.23	李登輝當選第九任總統，獲581萬票，得票率54%
09.14	表示應秉持「戒急用忍」原則因應兩岸當前關係
10.25	在光復節談話中提出「心靈改革」
12.23	召開國家發展會議
1997.02.23	立法院通過二二八事件補償條例，明定2月28日為「和平紀念日」
05.18	接連發生重大命案，十萬人上街頭抗議治安不佳，要求撤換連內閣
07.01	香港主權移轉中國
07.18	第三屆國民大會第二次會議進行第四次修憲
1998.01.26	接受德國明鏡週刊專訪，説明我國是主權獨立的國家，不適用「一國兩制」
10.14	北高兩市市長選舉，李登輝提出「新台灣人」觀念
12.10	亞洲首座人權紀念碑在綠島動土。次年12.10落成，前往致詞
1999.05.20	《台灣的主張》出版

日期	大事記
07.09	接受德國之聲專訪，首度提出兩岸是「特殊的國與國關係」
09.03	第三屆國民大會進行第五階段修憲
09.25	因應921大地震，頒布緊急命令，全力救災
2000.03.18	民主進步黨陳水扁當選第十任總統。03.24辭去國民黨黨主席職務
04.24	第三屆國民大會進行第六階段修憲
2001.06.24	訪美出席康乃爾大學「李登輝科學研究中心」成立典禮
08.15	「台灣團結聯盟」成立
11.14	「李登輝之友會」總會成立
12.03	「群策會」成立
12.20	提出十大國會改革方案，明確贊同老百姓有創制、複決權，並說一再修憲不如制訂台灣基本法
2003.01.12	群策會發表《台灣21世紀國家總目標》
05.17	群策會成立的「李登輝學校」正式開學
08.23	提出「中華民國不存在」
09.06	擔任「台灣正名」運動總召集人，號召群眾遊行，主張制定新憲法
2004.02.08	主持「台灣發聲，頭家制憲」討論會，主張制定新憲法，以全民公投方式通過新憲法
02.28	參加「228百萬人手護台灣」，擔任總召集人
04	發表「新時代台灣人」新書
05	新書「見證台灣－蔣經國總統與我」發表
2005.10.11-10.24	進行「台灣民主之旅」前往美國訪問，途經阿拉斯加、紐約、華盛頓、洛杉磯等地
2006.02	首度出席台北國際書展，並舉行「李登輝與青年談讀書」演講簽書會活動
03	舉辦「台灣經濟重新起爐」全民經濟發展會議及地方座談，提出「台灣經濟發展政策建言書」

日期	大事記
2007.05.30-06.09	進行「台灣與日本文化、學術交流暨『奧之細道』探訪之旅，獲頒日本首屆「後藤新平獎」
2008.09.22-09.25	應邀赴日本沖繩訪問，發表「學問的勸進與日本文化的特徵」演講。
2009.05	出版中文版著作「最高指導者的條件」
09.04-09.10	應邀前往日本高知縣、九州地區進行文化、歷史探究訪問
2010.04.17	重視領導人才培養，在李登輝學校首度開設為期一年培訓之「領導人才養成班」，為台灣積極培訓未來領導人才。
08	李登輝學校首度開設「大專青年暑期青獅營」，並固定於寒、暑期開設營隊，提供大專學生探索自我、認識台灣的能力提昇
09	個人全新網際網路互動平台開設，臉書（Facebook）、噗浪、推特等網路機制正式上線
10.30	第一次舉辦個人網友會，現場與五十位網友熱情對談，並進行全國連線對談
2011.03.21	舉辦「民主改革的未竟之業一李登輝與野百合再對話」，與四位當年的學運領袖再度會面對談
04.30-05.01	舉辦《終止動員戡亂時期二十週年紀念研討會》
2012.04	四月份起，展開地方基層巡迴訪問，關切地方發展，輿論視為關心台灣之「李登輝的生命之旅」
05.27 06.01 06.10	為因應台灣國家經濟發展之需，辦理「台灣國家經濟發展」系列研討會，並出版專書向政府提供建言
06	李登輝學校開辦「民間性社團組織（NGO）基礎人才養成班」為基層組織培養人才
09	群策會正式更名為「李登輝基金會」